大学はバイ菌の住処か？

玄善允 著

同時代社

はしがき

本書を構成するエッセイ群は、時々の求めや勧めに応じ、その折々の関心に従って書き継がれてきた。「日陰の身」である非常勤の僻目に映る大学の姿という基本的な視座に変わりがあろうはずもないのだが、いざ一冊にまとめてみると、予め説明を加えておかないと読者に対して失礼になりかねない点が幾つかある。

先ずは、書かれた時代順に構成されているのだが、一章と九章とでは、一〇年近い開きがある。そこで執筆時期が古いものなど、現状との齟齬の懸念がある。例えば、大学の第二外国語における中国語の大躍進について多々触れており、なるほど今だってその事実に変わりはないのだが、その勢いも一時ほどではなく、落ち着きを示しているばかりか、後退の気味すらある。

次いで、重複がある。例えば、三章と五章とでは同じ「事件」を扱っているが、前者が一般向けを意図して、読みやすさを狙った戯れ文的であるのに対して、後者は当該大学の組合の求めもあって、大学と非常勤の問題について原理的に考えるべく書かれた為に少々「辛気くさく」感じられるかもしれない。しかし、一つの事象を多面的に考える参考になりそうだと考え、重複を厭わず両方とも掲載することにした。その他の重複についても、一度は削除などを検討しはしたものの、本書の特徴は何よりも臨場感であることに加えて、一般の読者にとっては、多少のリフレインはむしろ問題の核心を確認するのに便利ではないかと考え、手を入れることを避けた。

最後に、網羅的とは言い難いことをお断りしておかねばなるまい。幾つかの章を書き下ろすことによって、大学の「日陰者」の幅と変遷について補充したが、それでも漏れている部分が多々ある。例えば近年、非常勤を廃して、一種の契約社員化の動きが目立っている。三年から五年の有期で再任を認めないうえに、全く権限を与えられず、通常の専任教員の倍の授業を担当する。しかも、休暇中も特別講座などの授業で拘束されるのに、給与は従来の教員の半額程度である。つまりは、「研究を使命」とする教授達の下に「使い捨て教師」の階層を創出したわけである。こういうものを「改善策」として差し出す大学と言うのは、自分を守るためなら、下々のことなど何一つ考えないということを今更ながらに思い知らされているのだが、それについては全く触れることができなかった。

とは言え、その種の瑕瑾《かきん》はむしろ、本書を書く根本的な態度に由来している。分かった振りしてものを言わない。そのために、視点を限定することに努めた。限られた視点に映る、大学の「日陰者」の理屈、心情を通して、大学に生きている人間達の姿を描くこと、それが本書のすべてである。

目次

第一章　大学はバイ菌の住処か？

彼が非常勤としてそれだけの年収を確保するためにこなしていたコマ数が週二一コマ……この数字を基にして単純計算すると、非常勤は一コマ年収二九万弱、専任は一コマにつき一七〇万、比率にして一対六弱となる。

1　ジョウキンとヒジョウキン

――先生、年収どれくらいですか？

――うーん、どれくらいやと思う？

――ええっと、二〇〇〇万くらい。

――あほか。そんなにもらってたら、こんなガリガリのカマキリになるわけがないやろ！

――怒らんでください。それなら。一〇〇〇万？

――そういう先生もいるけれど、まあ僕の場合は、せいぜいがその半分がええとこかな。

――ウッソー！　その年齢でそのくらいで、生活できるのですか？

――うーん、まあ、僕はなにしろカマキリやから、青菜と酒さえあったら、なんとか……。

――またそんな。そらあ先生はカマキリでも、御家族は人間でしょうに。

――そう、そこやな、問題は。そやから僕は過剰労働と心労とアルコールで、こんなふうに白髪のカマキリになって。

――またまた、困った先生や。

――それより、その程度の収入を確保するために、どれくらい働いていると思う。

――週に二、三日と聞いてますけど。

――それは偉い先生の場合。僕はフリーターみたいなもんやから、大違い。週に六日、それも終日。

――それだけ働いて、その程度ですか。それやったら、なんでまた先生なんかしてるんですか。

――うーん、困った学生やなあ。年寄りいじめて。もちろん、研究したかったからに決まってる。

――それでも、そんなに働いていたら研究はいつ？

――もちろん、できひん。当たり前やろ。

――大学の先生いうのは、研究が仕事でしょう。研究しやんでも、先生でおれるんですか？

――本当にきつい学生やなあ。いじめるなよ。辛いわあ。

――そんなに深刻になられたら、こっちが困ってしまいます。まだまだ若いねんから、しょげんと。これからですよ、人生は。

――とほほ、喜んでいいんやろか、それとも悲しむべきかなあ。ともかくありがとうというしかないわなあ。

2　大学の教壇に立つ生き物

大学の教壇には外見からは全く区別がつかない二種類の生き物が立っている。片や天上の人を想起させるセンニン。他方、バイキン（菌）と間違われかねないヒジョウキンである。そのヒジョウキンとしての長い経験と見聞を元手に、両者の境遇と生態について書こうとしている。もしそれが十分になされれば、大学が抱えている問題の一端なりとも垣間見えるかもしれない。

もっとも、客観を衒《てら》うわけにはいかない。なにしろ仲間内では、使い捨てカイロ、あるいはゴミ、さらにはバイ菌とまで自称して我が身を嘆くほどのヒジョウキンには、不満と妬みと怨恨が鬱積している。その眼が世を拗《す》ねたものになるのを免れがたい。とは言え、仏語及び文学担当の非常勤歴一七年、その間に関係した大学一一、そのうえ周囲には同じ境遇の者がわんさといるのだから、客観的データに近い材料が基礎になっているとの自負もある。がともかく、生身の体が最大で唯一の元手であることには変わりがあろうはずもない。

日本の私立大学の教育が非常勤講師に負うこと甚大であることなど、今更仰々しく言うまでのこともない。とりわけ、外国語教育の場合、非常勤講師なくして存立しえない、と言っても過言ではない。

先ずは、外国語教育におけるその依存度を紹介しておくのが筋であろう。

たとえば一つの大学における専任と非常勤のスタッフの割合では、専任一に対して非常勤一〇程度もざらなのだが、平均値を五くらいに見積もっておく。但しこれはスタッフの人数比較にすぎず、実態を把握するには担当時間数（九〇分授業週一回の授業を一コマと呼ぶ）の比較をするほうがよかろう。一般的には専任は五コマないし六コマ、非常勤は一コマから一〇コマ以上と大きな幅があるけれども、平均的には三コマ程度とみなし、先ほどのスタッフの比とかけあわせれば、担当コマ数の比はおおよそ一対三ないし四程度というのが穏当な数字になるはずである。断っておくが、これは依存度を過小に見積もっての話で、通常はこの程度ではおさまらない。

この実態を見れば、誰だって異常と感じるであろう。そして実際に、現状を異常とみなす合意が形成されているようである。だからこそ、そういう機運に乗じて、「正常化」と称した様々な手だてが講じられている。非常勤講師の解雇、非常勤依存率の高い外国語科目の選択科目化という名の切り捨て、さらには、クラス定員の「(経済的) 適正化」という名の水増しが、なんと「大学改革」の成果として我々の眼前に差し出されている。これを改悪と見ないためにはよほどに偏向したレンズが必要とされるのでは、とわたしなどには思えるのだが、ともかくそうした事態が加速度的に進行しつつある。

「正常化」なり「合理化」なる謳い文句は殆ど常にいかがわしいものだが、ここでも眉につばしてみる必要がありはしまいか。何が正常であるのか、またその根拠が何かを問いただしてみなくてはなるまい。

非常勤に依存しているのは何故異常なのか。答はしごく簡単である。劣悪な条件で雇われ、しかも何ら権利も与えられていない非常勤講師が施す教育は、その条件に比例して劣悪、無責任という判断に基づいて異常だというのであろう。ところが、そうした認識が明瞭に語られることはない。底に沈み、裏に隠れることによってこそ猛威を振るう。なぜなら、この正当な認識は非常勤依存の実態とその責任の所在の究明、ひいてはこれまでの大学教育の理念と実際の矛盾を露呈することになりかねないからである。

条件が劣悪であれば、それを改善しなくてはなるまい。権利を与えていないのであれば、それを与えなくてはならない。つまり、非常勤のおかれた無権利状態の究明と改善が必須の要件として浮かび上がらずにはいない。さらには、非常勤が施す教育の質と専任のそれとの格付けという前提は、もしそれを明言すれば、大学教育全般の内実の検討を必須としかねない。例えば、専任の講義の実態はどうなのか、というように、いたずらに混乱を引き起こしかねないそうした議論は避けて通るのが賢明、寝た子を起こすな、という次第なのである。

経営の論理に寄り添った教育の実態を露呈することを回避しつつ改革を、これがおそらくは大学関係者の総意のようなのだが、少々先走りすぎた感がある。

非常勤の境遇がいかほどに劣悪かを少しは明らかにしたうえで話を進めるべきであろう。

3 ヒジョウキンは劣悪な環境に棲息する

今や笑いのネタにまで取り上げられるこの命題はしかし、何を基準にするかによって、その正否がころころ変わる体のものである。自分の労働の価値を何によって計るかは人によって異なるのだから、その問題に深入りするのは力に余る。だいいちこの駄文の範囲を大きく逸脱することになりかねない。したがって、ここでは便宜的に専任教員との比較、それも先ずは経済的条件を中心に少々説明を加えるにとどめる。

わたしの高校時代からの友人で、長年非常勤生活を送り、つい最近ようやく専任職にありついた教員を例に取る。彼が専任として昨年得た年収がほぼ八五〇万円、その前年に非常勤として複数の大学から掻き集めた年収約六〇〇万円。約二五〇万円の増収ということになる。これだけの格差をもってしても、非常勤から抜け出せないわたしのような人間にとっては羨望を禁じ得ないのだが、事はそれにとどまらない。労働の対価という観点を導入してみる必要がある。

彼が非常勤としてそれだけの年収を確保するためにこなしていたコマ数が週二一コマ。週日は毎日四コマ、それに加えて土曜日一コマという計算になる。他方、現在専任として担当しているのが週五コマ。この数字を基に単純計算すると、非常勤は一コマ年収二九万弱、専任は一コマにつき一七〇万、比率にして一対六弱となる。但し、専任がわたしたち非常勤を相手にこぼす「雑務の多忙」を無視するのは公平を欠きかねないので、数人の証言を参考に「雑務」を週三コマ程度に換算すると、およそ一対三という数字になる。

こうした懐具合の計算につき合うのはうんざると思う方も多かろう。わたし自身からして、人の懐具合と己とを比較して羨み妬むのは気が滅入るし、品性の下劣を証すにすぎないことは重々承知している。それでいながら、非常勤の境遇を簡略に語るには欠かせない要件だと自らを叱咤して、この種の話を続けるしかない。我慢をお願いする次第である。

ところで、ここまでの計算の材料にしてきたかの友人は現在四四歳なのだが、もしこれが年齢をさらに重ねれば、格差はさらに広がることになる。非常勤には昇給がないからである。数年前までは物価にスライドする程度の昇給らしきものもあったが、ここ数年はそれさえもなくなる傾向が強まっており、年を重ねるにつれて格差は右肩上がりになる。もしわたしがこのまま六〇歳まで非常勤を続けるならば、しかも彼が専任職を得るまでに持っていたコマ数を確保したとしても（昨今の非常勤減らしの趨勢からしてそれはありえないだろうし、それだけの肉体的労苦は年を重ねるにつれて難しくなることは明々白々なのだが）格差は一対五程度に広がると予想される。

昇給がないことに触れたついでに、非常勤のないない尽くしを披露することにする。

研究費、紀要への投稿の権利等、研究生活を保障する便宜は殆ど供与されない。諸々の社会保険もなく、将来的な雇用の保障がない。基本的には一年契約となっており、いつ雇用の停止、もしくは担当コマ数の減少を言い渡されても、不思議ではないし、それがしばしば人間的好悪といった恣意的な理由でなされることも往々にしてある。こうしたことを先のお金の計算に繰り込むとすれば、格差はおおいに拡大することになるのだが、もうこれくらいで切り上げよう。

こうした状況にあって、研究者としての自負を保持することなど殆ど不可能である。わたしはこれまでの計算でかの友人の週二一コマ担当という事例を基にしているが、これだけの授業をこなしながら研究を続行するなど到底考えられない。春夏の長期休暇すら、積もりにつもった肉体的疲労に加えて、大学内の差別からくるストレスを癒すのが精一杯というのが現実である。それに加えて、研究者としての焦りに将来不安が重なって、非常勤の肉体と精神は蝕まれていく。

ところで金銭勘定はこの程度にして、外からはよく見えない問題、非常勤が置かれた内面的状況に話を移すことにする。経済的条件もさることながら、非常勤のストレスを生み出す原因、つまり、劣悪な条件とは、むしろこちらにあるとさえ思われる。

4 ヒジョウキンは手足を縛られ口を塞がれている

先の雇用条件の問題に絡めて言えば、非常勤が自らの雇用条件に関して異議を申し立てる可能性は全くない。それどころか、自分がどのような権限と責任を持っているかさえも知る手だてがない。わずかにわたしたちが知りうるのは、年度末に通知される翌年度のコマ数と科目、そして新年度になってから送られてくる委嘱状に添え書きされた給与額だけである。全くの一方的通知であり、わたしたちは仕事とお金を施されているのか、というのが偽らざる実感なのである。

しかし、労働とはお金を稼ぐだけのものでなく、労働を通じての自己表現なのだから、その現場で自らの責任をまっとうし、それを悦びとすべきだといった議論もあるだろう。ましてや教育ではないか、労苦も多いが喜びもひとしおの教育現場で自己の職業倫理を貫徹することができるはずではないか、と。

ところが、ここでもまた、非常勤は主体的な意志と責任を発揮する可能性を少なからず阻まれている。国定教科書ならぬ大学制定教科書の強制、さらには共通試験という画一化、それも非常勤がそれなりに練り上げた指導理念や教育法を完全に排除する形での強制が横行しつつある。

尤も、これにはもっともらしい理屈がないわけではない。教員個々の恣意性を排して、学生に公平な教育と公平な評価を与えるためだ、というような。しかしながら、そのような理屈がいかほどに厚化粧を施したものであるかは、現場に身を置けばただちにわかる。

たとえば、懇談会と称する専任と非常勤の意見交換の場が設定されることがある。制度的に、非常勤が声を発することが可能な唯一の機会である。しかし、そこで実際になされるのは、「お願い」という名の指令、はたまた解雇をちらつかせた恫喝なのである。何を大げさな、と感じる向きもあるかもしれないので、わたしが実際に体験した例を引こう。以下は懇談会での専任教員とわたしとのやりとりである。

――学生に対してアンケートをとるようなことはおやめください。もしどうしても必要な場合には、事前にその内容をお知らせ頂き、教室会議での検討と裁可を経てください。

――どうしてそんなことまで。

――近頃、アンケートと称して高価な物を売りつけるセールスの被害が多くなっており、本学ではアンケートの類には極力応じないように指導しており、その趣旨に添ってのことなので。

――でもそれは、教員と学生の交流を阻むことになりませんか。だいいち学生をあまりにも子供扱いすることになるのでは。

――ご意見は承りますが、これは決定事項なので。

いまひとつ、これは定期試験直前に急遽招集された「懇談会」。

――本学では学生にとって難解と思われる試験、また、当教室が設定した教授法にそぐわない試験は行わないように取り決めております。何よりもフランス語の読解力育成というのが基本的な考え方で、それに悖《もと》る試験問題は削除をお願いいたします。

――あまりに当然すぎるようなお話なのですが、少し腑に落ちない点があります。判断は誰がするのかという点が、まさか、試験問題の検閲をするなどと……。

――そんな滅相もない。

――じゃあ、これもまた念のために。たとえば今回わたしは仏作文を試験問題に繰り込みましたが、それは削除の対象になるのでしょうか。まさかとは思いますが。
――それは当然削除して頂かねばなりません。
――しかし、わたしの使用している教科書は、あなた方が指定したもので、そこには読解力を高めるための作文練習も繰り込まれているのですよ。そもそも、言語の運用能力を高める作文練習が読解力の育成と矛盾するとは思えませんが。
――ご高説は承っておきますが、これは教室会議での決定でして。それに従えないというのであれば……本学では従うか従わないのか、どちらかです。

冗談でも作り話でもない。しかもこれは公の場の話なのである。その場に居あわせた専任、非常勤で口を差し挟んだ者は皆無、つまり全員がこれを黙認したということになる。事なかれ主義と上意下達方式による教育の非人間化の証左と言わねばなるまい。

もちろんこれは極端な例であろうが、本質的にはこの種の思考方式が黙認という裁可を経てまかり通っている。

しかし、とことんないがしろにされ、その教員としての能力、さらには人格までも疑いの対象にされている非常勤が、誰一人異議を申し立てないのは一体何故なのだろうか。はたまた、専任がそれなりに同僚と呼ぶべき非常勤に対して最低限の共感さえ欠くのは何故なのだろうか。

答は簡単である。端《はな》から、非常勤は自らを労働する主体とはみなしていなかったし、専任が非常勤を一個の独立した主体、対等な存在とみなしてはいないからである。にもかかわらず、問題がそれほど露呈せずに済んだ時代があった。大学が閉じた領域であることを社会がある程度までは許容していた時代だ。そして個々の非常勤が概ね過渡的な通過点であった時代だ。それが今や過ぎ去った。大学は変革の時代にさしかかっている。擬制は次第にその本質をさらけ出し始めたのである。

5　ヒジョウキンとは何者か

ここにいたってようやくわたしの議論の核心にたどりついた。非常勤とはそもそも何者かという問題に。

ところで、既にお気づきの方もいらっしゃるだろうが、わたしは極めて重要なことを端折《はしょ》って話を進めてきたようである。わたしが言う非常勤とは、いわゆる本務校を持たない純粋非常勤のことなのである。本務校を持ち、なんらかの理由、たとえば特別な科目を担当するために懇請されたり、あるいは専ら小遣い銭稼ぎに他の大学に出講している人たちの場合、わたしの議論からははみ出る。彼らにとって非常勤とはあくまで仮の姿であり、彼らの意識なり存在の態様は非常勤をしていることによって冒されることはない。しかし、本来、非常勤とはそういう人たちのことを指すのではないかと思われる方もいらっしゃるだろうが、それはやはり現実をご存知ではないからである。

今や外国語の場合、とりわけ第二外国語の場合、非常勤の大多数が純粋非常勤なのである。そしてそうした現実と、先の誤解の基にある、非常勤は仮の姿という認識、この意識と現実のずれもしくは乖離こそが、雇用者である大学と専任教員の双方によって巧みに利用され、しかも、非常勤自体がそうした術策に自ら喜々として翻弄されている。

先にも触れたが、非常勤講師とは元来、特殊な科目の専門家が学内にいない場合、他大学の該当者に応援を頼むというものであったらしい。らしい、などと意味ありげに書いたのは、外国語科目の場合、そのような例が皆無とまでは言わないが、ごく希《まれ》であるからだ。実際には、専任教員がお互いに授業を埋めあって、小遣い稼ぎにするとか、あるいは、未だ専任職にありつけない若手研究者の応援でスタッフ不足を補填する制度であった。そうした非常勤の位置にあっては、経済的条件その他は問題視されるべくもない。本務校をお持ちの教員にとっては小遣い銭にすぎず、専任予備軍の場合、そこで教育の実践演習をさせてもらったうえに、他のアルバイトと比べればましな給料を支給されるのだから文句を言う筋合いはない。しかも、後者の場合、うまくいけば非常勤先で専任職にありつける可能性を夢見ているのだから、専任はいわば将来の己の姿であると同時に、己の夢の成否を握っている権威者かつ監督者なのである。何故なら、専任の採用基準が運と人脈、学閥、そして中身はよくは分からないがともかく「実力」と呼ばれるものであり、その中でも努力して獲得できる手近で最大のものが、専任教員との人間関係であることは大学関係者の中では公然の秘密なのである。

ところが、そうした専任予備軍も、その多くが予備軍のまま純粋非常勤になっていく。環境がそうした「なれの果て」を必要とした。

とりわけ私立大学の外国語教育はその「なれの果て」を大量に必要とした。それなりの教育経験を持ち、物言う口を持たず、ただひたすら「食う」ために大量のコマ数をこなさねばならない非常勤は、安上がりの教員として格好の存在なのである。私立大学の外国語教育はこうした、専任予備軍の意識を保持したままの年を食った純粋非常勤、つまりはヒジョウキンによって支えられてきたのである。

ところで、ヒジョウキンは生活苦ばかりか内的な分裂にも苦しんでいる。あくまで目的は研究であり、その手段に過ぎなかった非常勤生活が、本来の目的への道を閉ざすという事態に対して、手をこまねくしかないからである。食うためにはなんとしてもコマ数をこなさねばならず、そうすれば研究はどんどん遠ざかっていく。偶然（そう、ヒジョウキンからすれば偶然なのだ）若くして専任にありつけた同輩の研究者との距離はどんどん広がっていく。論文をでっちあげようにも、それに必要な最低限の時間と、内的緊張の持続を望めない者と、研究を制度的かつ経済的に保証されている者との比較は成り立たない。その差を埋める時間、そして体力、さらには気力までもが失われていく。だいいち、自分が何をテーマにしていたのか、何に到達し、何を更に極めるべく志していたのかも、忘却の淵に沈み込んでいく気配なのである。その一方で、専任になるかすかな期待に望みをかけることを潔く諦めることもできない。むしろ、それが唯一の支えだといってもよい有様なのである。どこそこの大学で新規の人事がありそうだといった噂話には、素知らぬふりを装いながら聞き耳を立てる。誰それが専任に決まったらしいという情報には、何食わぬ顔を装って落胆と羨望を隠したつもりでも、顔がこわばり口が渇くといった感触を覚えずにはおれなくて、今更ながらに己の器量の小ささを確認したりもする。

このような存在がまともでおれるはずもない。鬱積した不満は非常勤同士の内輪の席で排出される。お決まりの「ダメ学生」論議が始まる。これほど危険が少なく重宝な話題はないからだ。

専任、非常勤を問わず、自らに想定した能力なり実力と、置かれた境遇との落差に不満を抱かない教員は殆ど皆無といってよいだろう。本来ならば、自分はもっとステイタスの高い大学で教鞭を執るべきなのに、つまりは能力のある学生を相手にすべきなのに、或いは、純粋に研究だけに専念できる地位を与えられてしかるべきであるのに、との思いは「ダメ学生」論議を止めどなく肥大させていく。偏差値教育の中でそれなりに勝利してきた教員達は、いかに取り繕おうと、その価値観をほぼ完全に内面化しているのである。

「ダメ学生」論議は自らの不遇感を排出し、ヒジョウキン同士のいかがわしい一体感を醸成する方便であると同時に、身に付いてしまった専任教員に対する媚《こび》、へつらいの手だてとしても有効なのである。

教師は学生を軽蔑し、学生は教師を軽蔑する。取り立てて珍しくもないが、それでも悲惨であることに変わりはない教育の戯画が、今や日本の至る所で見事に具現しているというわけである。

危険を伴わない放言という形でのみ累積した不満を排出していくおぞましい姿が、ヒジョウキンのいわば本質となっていく。強いられた境遇としての非常勤が、存在としてのヒジョウキンに質的な転換をはたすのである。

6　専任＝常勤は仙人か、それとも、ジョウキンという名のバイ菌か？

国公立大学を定年退官して後に私立大学に職を得た老専任に代表される教員たちにとって、大学が教育の場でありかつ労働の場であるといった意識は希薄なようである。研究第一と言えば聞こえはよいが、煩わしい形而下の雑事は物好きな連中、或いはそれ相応の連中に任せて我関せずを決め込んでいる。「大学教員は先生になったら終わり」という言い方が老若を問わず研究者の自負を証する言葉としてまかり通っている。つまり「仙人」が彼らの理想ということになりそうなのである。

ところがもちろん彼らは仙人であるはずがない。彼らとて身過ぎ世過ぎのために、或いはまた、話し相手が欲しいからこそ新たに職を求めたのである。請われてという建前はあるにしてもである。彼らにとって学界での過去の、あるいは現在の栄光らしきものがその存在証明の殆どすべてなのだが、それを吹聴する相手が見つからない。そこに格好の餌食として現れるのがヒジョウキンなのである。仕事にあくせくしながら物欲しげなヒジョウキン以外に、彼らの苔の生えたような自慢話におとなしくつき合う者がいるはずもない。

「うちの大学では」の連発に話がおかしいと思っていると、それがその御大の前任の大学のことであったというような経験は数知れない。「あれね、あれは以前は僕の下にいたんだ。たいした男ではなかったが、まあ運がよかったわけだな」と、誰もが知っている学者や評論家や政治家の名前を挙げて、自らの権威を高める姿もまたよく眼にする。彼らにとって、序列化された大学という制度、そしてそれに伴う権威主義にしがみつきながら、お山の大将になることがいわば残された人生と思えるほどなのである。惨めな仙人とでも言うべきであろうが、それでも羨ましく思わないわけにはいかないのがヒジョウキンの性《さが》。

そのような仙人の後を追おうと野心満々の教員もいる。彼らにとって現在所属している大学は「よりよい大学」への向けてのステップに過ぎない。彼らの目はひたすら「研究」に、そして「高い」ところに向けられていて、自分の足下に蠢くヒジョウキンなど眼中にはない。

そして最後に、わたしたちが最も接する機会の多い教員達がいる。研究の野心もほどほどにあるが、同時に学内での影響力の行使に野心を燃やす者であったり、或いは、それなりに教育なるものに比重をかけた教師達である。自ら買って出るにせよ、職責上からにせよ、大学と非常勤と学生の間に立ち、ほどほどの正義感、ほどほどの共感、ほどほどの行動力を示す彼らこそが、大学を取り巻く状況の変化に最も敏感に反応する。そしておそらく、今の大学「改革」とは彼らを取り込むことによってこそ、辛うじて内発的な外観を呈しているのではなかろうか。

少々立ち入って、想像力を働かせてみる。

たとえ表面的に過ぎなくても、或いは心底からのものにせよ、彼らこそがヒジョウキンの立場を少しは知り、共感を披瀝《ひれき》してきた人たちである。その彼らが「改革」に伴うヒジョウキンの切り捨てとも言うべき流れに対して、殆ど抵抗しないばかりか、むしろその片棒を担ぐように見えるのは何故か、それを少々穿った見方になりそうなのだが、考えて見ようというのである。

截然《せつぜん》と区別できるわけもないのだが、おおよそ三つの側面がありそうな気がする。

先ずは、己の身が危うくなったという危機感。「来るべき私学の冬の時代」なるキャンペーンは確実に功を奏していそうなのである。自分の雇用を守るためには、大学の生き残りをかけた「改革」の後塵を仰がねば、というわけなのだろうか。被雇用者が雇用者の思考方式を内面化していく例は、昨今の日本の労働組合の最大の潮流だろう。その例にならって、効率的経営の障害になりそうなものは片っ端から切り捨てるのもやむなし、責任は自分にはない、というわけである。

第二には「汚れた」ヒジョウキンに対する嫌悪感が挙げられるだろう。経営者側からの攻撃に対して、ヒジョウキンのコマ数を確保しようとする彼らの懸命の配慮を理解しないばかりか、その存在自体が彼らの内奥に微かな罪責感を引き起こしかねないヒジョウキンが無用ばかりか、重荷と感じられ始めたのではなかろうか。

ヒジョウキンがふと洩らす「あなたとわたしの違いは能力ではなく、運の結果にすぎない」といった口吻と素振り。経営者側からの締め付けとの戦いで疲労困ぱいの日常をこぼしでもしたら、直ちに戻ってくる「それでもあなたは恵まれている」といった顔つき。現実を知らないばかりか、実力不相応の夢を抱いた研究者志望のなれの果てとの関係もこれでおしまい、といった心理の経路が成立していそうなのである。

そして最後に、新しい希望が彼らの前に開けたということがあるのではないか。

外国語担当の教員ばかりか、いわゆるパンキョウ（一般教養）の教員は従来二級教員として貶められてきた。たとえばこんな話を幾度か耳にして、さもありなんと合点がいくことがあった。ある専門の教員が「僕は語学には自信があるんだ。空きコマがあったら、僕に担当させてくれないかなあ。気分転換と語学のブラッシュアップのためにもなりそうだから」と冗談めかしの本気で言ったという。またある大学では、理事長の縁者が二年ほど留学して帰ってきたが職がなく、そこで当座のしのぎのためにと、強引に外国語の非常勤に潜り込ませた、といった類の話。

ところがいわゆる「改革」は教養部解体、そして旧教養部を母体とした専門学部の新設という潮流をもたらし、従来の教養部の教員でも「れっき」とした学部の教員になれる、という願ってもない副産物をもたらした。これで二級教員のコンプレックスから免れると言わんばかりに、この餌に彼らは舞い上がり、飛びついたようなのである。

舞い上がった彼らのはしゃぎぶりは、多忙をことさらに口にする顔つきに見事に透けて見える。競争原理の活性化、実力主義、あるいは経営戦略的思考などといった流行の標語を鎧にして、彼らの時代の主人公としての自覚は強まっていく。この変革の主体として新たな教育と研究を創造していくのである、とまあ、こういう次第なのである。

新装なったホテルを想わせる校舎とパソコンに代表されるハイテクを備えた施設に、能力のある子供を呼び込んで、付加価値を与える教育を！

これが経営者と教員が共有する標語になりつつある。

7　ヒジョウキンは人間になれるか、戻れるか？

清潔で無機質な校舎から排除されていく運命にあるヒジョウキンは、なされるがままになっているしかないのだろうか。

排除されると言っても、バイ菌が皆無の環境に人間が棲息できるわけがない。大学はパイを小さく、境遇をさらに劣悪にしながら、そして選別の基準を厳格にしながら、ヒジョウキンを生かし続けるだろう。ヒジョウキンがその小さくなったパイを競い合って、大学に、そして専任に忠誠競争をする、というのが最もありそうな将来像である。ますます惨めなヒジョウキン。

しかし、それを回避する道も、あたかも見果てぬ夢のようではあるが、思い描けないわけではない。

いかに客体化されようと自らを主体として打ち立てようとする努力がそれである。自己表現は遠い将来や労働を離れた別の領域にあるのではなく、今苦しんでいる労働の現場にこそある、というごく当たり前のことを再確認するという道筋なのだ。ヒジョウキンの問題はパート労働の問題として普遍化しうるものであると同時に、教育する主体、もしくは社会の無用者としての知識人の責任と倫理の問題としても一般化できうるのではないか。そうした権利主体、そしてもちろん、それに伴う責任行使の主体として自らを再確認し、育てることがなければ、わたしたちは老いさらばえたヒジョウキンにとどまるしかないであろう。

もしそうしたイメージがヒジョウキンのうちに鮮明に描かれるとすれば、センニンとの共闘の可能性もまた、開かれてくるかもしれない。

切り捨てられるヒジョウキンと同じく、自分たちもまたジョウキンというバイ菌扱いされる危険に、少しは想像力を働かせてみるセンニンが現れてくる可能性を、わたしたちは夢見ることができる。

但しその前に、わたしたちの労働の現場に他者として蠢《うごめ》く学生達に、自らを開いていくことが先決であることを忘れるわけにはいくまいが。教育が人間と人間との対面の場であり、いかなる状況にあっても、そうした現場を、つまりは、励まし励まされる相互交流の渦を準備する可能性だけは、わたしたちに残されている。

第二章　大学内の「ブタ小屋」

非常勤はそこしか居場所を持っていないからである。教室以外に身の置き場所はそこを措いてはなく、しかも、必ずやそこに顔を出すことが義務づけられている。

1　確固とした境界

　近ごろ評判の芳しくない大学の話なのだが、外からは一様に見える教師もさまざま。研究など誰かさんにお任せを決め込んでアルバイトと趣味に勤《いそ》しむ教師もおれば、何故お偉い自分が馬鹿な学生どもに学問の手ほどきをしなければならないのか、とおおいにご不満な学者先生もいらっしゃる。がともかく、大学教師の本分は研究と教育というのが建前になっていて、なるほど、大学には研究室という名の部屋がわんさとあり、鞄の一時置き場から宿泊所まで実に多様に利用されている。

　ところでどんな社会にも、言葉が通じないほどの上下関係を生み出す境界があって、その差異が人々の欲望を駆り立て社会の位階秩序と安定を作り出しているようである。とりわけ日本経済のしたたかさというものは、日雇い労働者や女性労働者、それに長時間で危険な労働を「非合法」で請け負う「外国人労働者」、或いは下請け孫請けという境界の下の存在をクッションにして成り立っていて、正義や人権といった議論では微動だにしない気配である。

大学でも同じこと。常勤（専任）と非常勤という、「非」があるなしの確固とした境界があって、その上下では天国と地獄ほどの違いがあると言われているのだが、その地獄の住民、つまり「非」なるバツ印のついた教員が身を寄せる場所の話をしたいのである。

普通、「非常勤講師」とか「嘱託講師」とか呼び慣わされている輩、わたしもその一人なのだが、そういう教員はもっぱら教育だけを担当する者として「一時」雇用されていて、「当然のごとく」時間給以外は何も与えられず、「研究室持ち」との間には見事なまでの格差がある。当然不満が噴出しそうなものなのだが、従順な子羊よろしく待遇改善を要求する声が公然と発せられることはない。「能力」が認められたり、運がよかったりすれば、境界を飛び越えることが希にはあるからだ。一時が終身になると同時に「一家」の主人になれるかもという「幻想」が彼らの精神と挙動を支配する。しかも、その境界線突破を可能ならしめる権限は、境界の上に君臨する先生方の腹三寸にあるのだから、いろいろと「耐え難きを耐え」、「涙ぐましい努力」をしている。

ともかく、彼ら（わたしたち）の身の置き場所の話である。その種の教師は授業以外の時間にはどこにいるのかと言えば、「控え室」と呼び慣わされている空間があって、そこにたむろしているのだが、端から見ればその光景は「異様」に映るらしい。ひょんなことから知り合った非日本人の教授、その人の口から飛び出た言葉がこうである。

「あそこはひどい、まるでブタ小屋だ。なんとかしなくては」

なるほどそういう感じ方もあるのかと少々驚いたのだから、わたしはその「ブタ小屋」にすっかり馴染んでしまっているのだろう。ということはわたしは「ブタ」ということになる。ガリガリにやせ細ったブタなど、何の役にも立ちそうになくて、穴があれば入りたいような気がするが、そういう心の内をさておいて考えてみると、なるほどと思い当たるふしもないわけではない。

ところで専任教員なら誰もが先の方のような見方をしているかと言えば、それは疑わしい。「ブタ小屋」を口にされた方には永い非常勤生活の経験があって、その苦節の時代と安穏とした現在との比較がそうした口振りとなって飛び出したのであろう。それに外国人という事情もある。外国人が専任教員として採用されるようになったのはそれほど昔の話ではない。そうした僥倖に恵まれたとしても学内で権限のある地位に就くことは希である。この国では内国人と外国人との区分けはすこぶる徹底しているのである。だからそうした気安さと裏腹の疎外感もまた、先の「名言」の由来なのであろう。その彼とは正反対に、とんとん拍子どころか初めから(つまりは大学院在学中に)境界の上に地位を得た日本人教員が境界の下で蠢くわたしに、共感の口吻を披瀝するはずがない。もし「ブタ」が「上の人」に「ブタ小屋」の不平を言おうものなら、煙たがられるどころかその「ブタ小屋」から追放の憂き目をみる危険もなしとしない。ブタの愚痴はブタ小屋の中にとどめるべし、まかり間違っても「雲の上のセンニン」に向かってブーブーは御法度なのである。

2　非常勤の居場所

ところで「非常勤控室」という名称は必ずしも正式のものではない。大学によってさまざま、「教授室」、「教授控室」、「共同研究室」「嘱託講師控室」そして「名無しの部屋」まである。そしてその名称に応じて用途や位置づけも多様である。講師が出払っている授業時間中は事務職員の休憩所として用いるという「経済的で効率的な」空間利用がなされている大学もある。また、専任教員の息抜きや、内輪の会議や待ち合わせの場として重宝がられていることもある。或いは、もっぱら非常勤講師の寄り合い所として設けられている場合もある。

しかしいずれにしても、そこが「非常勤控室」であると言えるのは、非常勤はそこしか居場所を持っていないからである。教室以外に身の置き場所はそこを措いてはなく、しかも、必ずやそこに顔を出すことが義務づけられている。メールボックスがあり、学校からの連絡はそこで確認しなければならないし、出勤簿もそこに置かれているのが普通である。学校にもよるが、郵送費の節約ということなのか、緊急な場合を除いては、すべて「そのメールボックスを通じて」が原則になっている学校もある。そういう大学では、うっかりボックスの確認を怠ると、事務処理に遅滞を来して事務職員やその意を承けた専任教員からきついお叱りをうけることになりかねない。お覚えが悪いといつ首がふっとぶかもしれないのだから、ご用心ご用心を肝に銘じておかねばならない。

さてその部屋、その慣習的な呼び名にも関わらず、非常勤にとって肩身が狭いところになっている場合もある。公立や国立の大学ではさすがお役所仕事、たかが非常勤に専用の空間などというわけで、専用の空間を設けていないのが普通である。ことのついでに言えば、そういう「官立」では出勤簿への押印もいちいち職員に印鑑を手渡し、職員が押印を済ませた後で返してくれるという「儀式」をとりおこなう。今流行の空出張ならぬ「空授業」の防止策なのだろうと推測してしまうが、これはこちらの「僻み」かもしれない。

ともあれ、そういう大学では専任教員のくつろぎの場所が非常勤が一時身を寄せる場所にもなっている。当然のごとく、そこでは専任教員が中心を占め、人事やその他の四方山話に花が咲く。何しろ、彼らにとって勝手知ったる我が家なのだから誰はばかることもない。非常勤は別に後ろめたいことがあるはずもないのだけれど、ついつい目を落とし、すごすごと隅の方に身の置き場所を定めてしまう。それに不思議といえば不思議、逆に当然と言えば当然とも言えるのだが、そういう大学では専任教員たちと長年顔を合わせていても、非常勤には黙礼の労すらとらない教員が多くいる。よその世界ではちょっと考えられない「礼儀」のような気もするが、わたしはよその世界にそれほど詳しくはないのだから、分かったようなことを口にして嘲笑されるのは慎んだほうがよいだろう。

他方、大抵の私立大学では、一応「控室」がしつらえられている。但しこの場合でも二種類あって、専ら非常勤の場とされている場合と、あくまで教員全体のくつろぎの空間として位置づけられている場合とがある。後者にあっては、当然のように、非常勤にとっては先に述べたような不都合が生じる。前者にあっても、つまり専任教員の談笑の場が別に設けられている場合でも、不思議なことに専任達のメールボックスは「控室」に設置されていたりもする。そうなると、専任教員は一息つきに立ち寄る。メールボックスの中身をぶちまけて整理がてら、タバコを一服、周囲にいる非常勤は透明人間とばかり、仏頂面のままにあたりを睥睨《へいげい》して用を済ますと長居は無用とばかり姿を消すのである。

境界の上下では無礼も失礼もないことを思い知り、それに慣れないと非常勤で居続けるのは難しいのだが、ともかく異様さを感じないでいるだけでも相当の修練が必要なのである。

研究室ではなし、かといって中学や高校の職員室とも随分異なる。誰一人そこが自分の場所とは思っていないし、事実その通り、「仮」の場所なのである。休み時間にお茶を飲んだり、昼食をとったりするが、自分の席などない。だから我先に鞄を置いたりして席の確保に努めなければならない。ゆったりくつろごうと思えば、あたりに自分の持ち物を散らかしておけばよい。もちろんその分だけ他の人には迷惑なのだが、そういうことに気を遣わないのが非常勤の「作法」のようなのである。ところで、授業用の印刷物などの保管場所はといえば、そんなスペースを与えられているのも希。だから毎回持ち帰ってはまたしても持参するしか手だてがない。そんな面倒は願い下げと腹をくくれば、一時預かり用に設置してあるロッカーを、たとえそんな迷惑は控えてもらいたいと張り紙が貼ってあろうと、知らぬ存ぜぬを決め込んで独占する。当然担当の職員からはお覚えが悪くなる。「だらしない非常勤がいる」という事実は「非常勤はだらしない」という固定観念に結晶する。「先生、非常勤の先生方には手を焼きますわ」「まあ、我慢してよ、ぼくらも困っているんだから。でも建前上はお願いして来て頂いているわけだから、きついことも言えないし」。

職員と教員の先験的な序列に対する職員の不満はこうして「外様」への非難でガス抜きされる。と同時に、「身内」の結束は強まることになる。「厄介者」の非常勤でも「我存ぜぬ」うちに取り柄を与えられているわけである。

3 ブタ小屋の特徴

さて、くつろぎの時間。話のネタは尽きない。お菓子や料理の話題から、人の噂や学問や政治の話へと多岐にわたり、しかも、油断していると次々に転換する話題についていけず、大呆けをかましたりしかねない。

いわば中年のおっさんの居酒屋、おばはんの井戸端会議といったところなのである。そして井戸端会議にも世の中の価値観や力関係がものの見事に映し出されるように、ここでも事情は変わらない。

もちろん全員が親しく話を交わすわけではない。永年そこに通い慣れた教師を中心に輪ができる。当然、彼らが中央を占領し、それ以外のものは端の方で、つまらぬ駄弁とは距離を置いて読書に耽ったり、授業の準備に勤しんだり。「つまらぬ駄弁」というのは話題がつまらないということでは必ずしもない。何であれ自分が一枚噛まない他人の話は、盛り上がれば盛り上がるほどに馬鹿げて聞こえるもののようなのだ。

そんなわけで、部屋としての統一感の欠如が、この「ブタ小屋」の一大特徴でもある。あっちでブーブーこっちでブーブー。とりわけ専任職を持たない古参の非常勤が集まりでもしたら、話題も口調も拗ねたものになるので、端から見れば余計にブーブー喧しいばかりか、下品に聞こえることになる。

ところでそのグループなのだが、その成立には一定の原則のようなものがある。先ずは教科別、そして男女の別というのが二大原則であるようだ。それに加えて最近では、いわゆる国際化のかけ声とともに、非日本人教師が多くなった。彼らは「当然のように」別グループを構成する。もちろんそういうこととは別に、「気が合う、話が合う」ということもまた大きな要因になるのは、何処の世界でも変わりがあるはずもない。

そういうグループの中心になるのは、どこでもそうであろうが、おしゃべりな人物である。それに「口から先に生まれた御仁」がよそで専任職を持つ「お偉い」先生であれば、その「ブタ小屋のスター」を中心に若輩が群がることになる。外様のスターがいれば、そこには時折、その学校の専任教員がご機嫌伺いに訪れるということもあって、そういうグループの話し声が控室を我が物顔に占領することになる。但し、そのご機嫌伺いというのが単なる方便となっている場合もある。専任教員と言ってもいろいろ。孤独感を覚えると、そこにきてスターになりたがる老教授もいらっしゃる。もちろん話題は昔話や手柄話と相場は決まっている。面白くなくとも非常勤は顔を繕って拝聴する。教授殿、いかにも貴重な秘話を開陳し、今日も功徳を施したという満足感を励みに、学生が耳を傾けるはずもない講義に向かう。そこで覚えさせられる虚しさに備えて、予めここでの満足感で相殺しておくという案配なのである。

非常勤講師にとって、とりわけ専任職を持たないわたしたちにとって、この場は貴重である。研究やその他の耳学問、とりわけ人事の噂話はこういう場でこそ仕入れねばならない。それに、なにより顔つなぎの必要がある。非常勤に空きができそうというような緊急を要する情報、非常勤で食いつないでいる者にとって、これは必須の情報なのである。だから多少の違和感、消耗感があっても、なんとか身をすり寄らせておくのが「おつとめ」といったところなのである。

ところが、そうだからこそかえって「きな臭さ」や馬鹿さ加減にうんざりする人も出てくる。そのような繊細な感受性の持ち主にとって、「控室」とは誠に居心地の悪いところのようである。喧しい上に挙動や言葉に「品」がなさすぎて耐えられない。だから必要最低限の用を済ますと即刻退散を決め込む講師もいる。そういう節度を弁えた学者予備軍にとっては、控室は教員の学者どころか人間としての質の悪さを思い知る場なのだが、ところがそのおかげでかえって、「自分はまだまし」という矜持を与えられるという収穫もあったりする。ではそういう「品が良く」「ブタを嫌悪するブタ」はどこで時間を過ごすのかと言えば、親しい専任教員でもいればその研究室を訪問したり、用がなくても図書館や、今やデパートと見紛う学内の店舗を物色したりしているようなのである。

4 誰もがブタになる

さて非常勤講師といってもいろんな科目の先生方がいらっしゃるのだが、多数派を形成するのは外国語担当で、当然、喧しいのは大抵彼らである。だから馬鹿に見える者がいるとすれば、それも大抵彼ら（つまりわたしたち）ということになる。

だからというわけで、「たかが語学教師」という「偏見」が増幅されることになる。たとえば、老大家が懇請されて出講したとする。しかし、いくら偉くともその筋の者が居合わせなければ、そのお偉さが誰にも知られるわけがない。「ただ」の非常勤なのである。居心地がよかろうはずもない。どうも勝手が違う、ふさわしく遇されていない、といったいらだちが、その場の「非学問性」によってますます募る。喧しいばかりか礼儀を弁えない連中はどうも外国語の三文教師連中らしい。やはり外国語教師はダメだ、と見事に論理の環が閉じる。但しそうした先生とて、ふさわしい扱いを受けてその場のスターにでもなれば、十分以上に喧しくなるのはいうまでもなく、人間誰だって一皮剥けば「品性」にたいした変わりがあろうはずもない。

あ、そうそう、もうひとつ目立つグループがあった。同じ大学の専任でありながら、別の大学に連れだって非常勤に通う教員達がいる。懇請されて浮き世の義理を果たすために仕方なくが口癖。ところがこの唱い慣れた「浪花節」、それは虚実ないまぜの知恵の産物である。親切な大学ではわざわざ給与の現金支給という今時珍しい方式を選択肢として用意しており、そういう面倒をわざわざ希望されるのは、奥様には秘密の小遣い、と察しをつけるのが非常勤の小賢しい習い性なのである。

さて、この「身元確かな」先生達は自分の大学の人事やその他の噂話をよその大学の控室に持ち込む。「ひそひそ」のつもりなのだろうが、声が高すぎて筒抜け。ここでは固有名詞を挙げても後を引く心配がないのだから、大声で「自分の大学」の教師の悪口や、人事や学生対策を練っていたりする。公衆の面前での秘密会議なのである。それを平気でやれるのは、彼らに「植民者意識」があるからにちがいない。国立大学の近辺の私立大学はそういう専任教員が大挙して小遣い稼ぎに出講し、一体ここはどこの大学かと見紛うくらいに「お偉い」大学の話でもちきり。植民者は被植民地の人々を人間扱いしないらしいが、彼ら植民者の教授方が、その被植民地の大学の学生にたいしていかなる態度で接しているのかは容易に推察がつきそうである。

こういうわけで、こちらでは「どこそこの料理は一流、さすが本場仕込み」「最近の野菜の値段は、あ、そうそう、レモンのポストファーベストは、それに本物の有機野菜は」、またあちらでは「アイウオナ、カモカモ」などと国際語が飛び交い、またどこかでは「あの先生の本は剽窃だらけ、恥を知れ、恥を」「あの昇任人事はお預け。ちょっと痛い目にあわしておかないと、つけあがりやがって」「野茂はできすぎ、日本やったら、もう通用せんで」てな具合。エコロジストや料理研究家から大学政治屋や野球評論家まで実に見事な論客が勢揃い、誠に喧しいのである。

そんな喧噪が一瞬破られることもある。おずおずと入ってきた若者が、自分に向けられた一同の怪訝な視線にまごつきながらも勇をふるって「恐れ入ります、××先生はいらっしゃいませんか」と叫ぶ。一瞬沈黙が訪れる。「探してごらん。君はその××先生がいるかいないのか分からないのかい」と当の××先生はいかにも澄ましこんで教師口調。あっけにとられた周りの教師達も事情を察して澄まし顔。だがついついにやにや笑いが浮かび、ついには弾ける。学生は何がなんだか分からないままにどうも恥をかいたようだと悟る。「どうも失礼しました」と消え入りそうな声を残してすごすごと出ていく。改めて爆笑が起こる。「ブタ小屋」お得意の「今時の学生」論議がひとしきり続く。こうして珍しく部屋の話題が一つになる。担当の教師の顔も知らないほどの「ぼんくら学生」にも使い手があるようなのだ。

「ブタ小屋」とはその中に馴染むと誰でもブタ小屋になってしまうところなのである。

しかし、その「ブタ小屋」を軽蔑する君子といえども、そのブタとどれほどの違いがあるのかは疑わしいのだけれど。

ともかく、日本の私立大学は、とりわけ外国語の授業の大半はこのブタ小屋の住人によって営まれている。その住民が小屋を出たとたんにブタから教師に姿を変えて教壇に立つわけである。学生にとってそれは不幸であるというのが世評らしいのだが、教師の仮面をつけたブタであるわたしとしては、なるほどと思いはするが、完全に同意するわけにはいかない。

ブタはブタなりに抗弁したくなるのである。清潔な環境で純粋培養されたからといって、いい物が生まれるとは限らない。芥溜めの中の四方山話から、ブタ臭い成果が現れないとも限らないし、何より、汚れた汗くさい交わりの中で、ブタはお互いに励まし励まされているという側面もある。それに研究などという「高尚な」ことにはてんで興味がなく、一時の骨休めをしながら、将来のことをぼんやり考えている「ダメ」学生達には、ブタの「叫喚」のほうがかえって役に立つなんてこともあるかもしれない。ブタはだてにゴミをあさっているわけではなく、人々に滋養豊かな糧を与えるために今日もブーブー、明日もブーブー……。

それにしてもこの「ブタ小屋」とその住民の待遇、なんとかならないだろうか。「天国」の住民がせめて釣りや碁やテニスに向ける熱意のかけらくらいの気遣いでも持ってくれたら、と思いはするものの、まかり間違ってもそんなことを口に出すわけには行かない。仕方なく井戸端会議で憂さを晴らすブタたちなのであった。あーあー、じゃなかった。ブーブー。

第三章 「空白の権力」に追い立てられる「非常勤」

非常勤の解雇に対してどのような理屈と責任と心理で彼らが同意し、決定に及んだのかが知りたかった。もちろん彼らには彼らなりの立場があり……

今や大学は「変革」を謡い、「ぬるま湯」体質からの脱却を声高く叫んでいる。経営の合理化や「消費者」のニーズに応える自己評価の徹底がさし当たっての目標。ところが、このもっともらしいテーゼの裏に教職員の選別・切り捨てという牙が見え隠れしている。その牙がまともに襲いかかってくるようになれば、いかに達観を決め込んだ専任教員達とて、他人事として澄ましこんでいるわけがない。生き残るために、拗ねたり怒ったりおもねたり、あるいはまた足の引っ張り合いに励むことであろう。そうした労使や専任同士のせめぎ合いの過程で犠牲に供されるのは、先ずは非常勤の教職員ということになるに違いない。

さて、わたしが非常勤講師として足かけ一〇年も通っている関西のある私立大学でその先例が生じた。英語のネイティブスピーカーの非常勤講師の多くが一斉に解雇通告されたのである。解雇の対象となった教師との個人的な誼からその事件に多少の関わりを持った者として、その経過報告をしようと思う。といっても、事実関係をつぶさに追うつもりはない。経緯の中でも印象深い事柄に焦点を絞ってみたい。

ご登場願うのは「馬鹿」と「真面目で有能な学者」と「犬」であり、その鉄の結束を誇る三位一体によって排除される「あの連中」である。

今回の報告は、今後溢れ出るであろう「犠牲の羊」が生み出される仕組みと、その「ヌエ」のように変幻自在なシステムに対する「羊」のささやかな抵抗の試みである。

1 「非常勤講師」と「外国人」の孤独

非常勤の大量解雇の噂を耳にした時、まわりの喧噪をよそにわたしの頭はいやに澄み切っていた。やはりやってきたのか、お次はわたしの番になるだろう。他人事ではない、なんとかしなくては、と緊張がじわじわと体を締め付けてきた。

その一方では、「ねらいは正確である」などとまるで他人事のように感心もした。一番弱いところから攻撃が始まった。なるほど敵もなかなかやりおるわい、というわけである。但し、この感じ方は特殊かもしれない。おそらくわたしも外国人の一人、それも「在日朝鮮人」という「三流外国人」としての日本人に対する「偏見」が作用していたはずである。

同僚が解雇通告を受けたという事態にたいして、「非常勤」は我が身のこととして何らかの行動を起こすであろうか、否。日本人は苦境にある外国人に対して救いの手をさしのべるであろうか、否、というような応答がわたしの内部でなされていたのである。そして、大学当局もまた、そうした状況認識があったからこそ、こういう事態を引き起こしたのであろうという推察もまた伴っていた。もちろん、どちらも推測の域を出ない。しかも、私一個の経験から導き出されたものである。永い非常勤歴と在日朝鮮人「歴」から目が歪んでしまっているのだろう。

そうした「偏見」がまさしくその名に値するのかどうかを判定して頂く材料が以下の記述と言ってもよいほどである。わたしとしては偏見であることを願っていたし、いまなおそうである。「歪んでいる」ならば今からでも遅くない、「正すべく努めてみよう」くらいの気持ちは持ち合わせている。

ともかく、解雇の対象となった非日本人講師に声をかけてみた。「もし何かお手伝いできることがあったら、是非とも言ってね」と。彼、或いは彼女はおおいに喜んでくれて、かえってこちらが面はゆくなるほどだった。「挨拶程度のことにしても、そのような声をかけてもらった試しがなかったのだろうか、まさか」と思ったものだが、その「まさか」だった。彼らはこう呟いたのである。「そんなこと言ってもらったのは初めてよ」。

2　日本は全体主義国家？

それから、およそ一年半である。事態は少しは進展しているが、まだ最終的な決着を見るには至っていない。

事の発端は、大学の生き残りを賭けた改組である。「お客」を呼び込むための工夫が競われている。その一つ、実質はさておき看板だけでも目を惹くように、新学部の創設や学部の改組が花盛りなのである。

一昨年（の二月）、英語の主任教授から突然、外国人英語教師の所に英文の手紙が舞い込んだ。学部改組を契機に文部省による資格審査があり、貴殿は不合格となりました。つきましては、あと一年を限りに辞めてもらわなければなりません、あしからず、といった文面である。「この決定を素直に受け入れていただければ幸いに存じます」という結びの言葉に彼らは憤りを通り越して呆れかえったのだが、どうしていいのか分からぬままに時は過ぎた。

というのも、理由が定かでない上に、学校側が釈明の労を全く取らなかったからである。それればかりか、それまでは何かと彼らを訪れては「国際親善」に努めていた専任教員の足がまるで申し合わせたようにぷっつりと途切れてしまった。しかもその一方では、「質の悪い教師はクビ」という風評が立ちこめることになった。彼らの怒りと孤立感はいや増しに募り、「ガイジン」扱いの居心地悪さは「日本人不信」へと結晶を遂げたようである。

そしてすっかりしびれを切らした頃になってようやく彼らにお呼びがかかった。「国際親善大使」たる教員が大学側を代表して次のように釈明したのだそうだ。

一、今回のことは遺憾である。

二、しかし小さな私立大学が文部省の指示に従わないわけにはいかない。

三、本学では「教師」は不要であり、大学にふさわしい「研究者」を求めている。

およそこのようにその教授はのたもうたそうである。そして、この解雇を「すんなり」受け入れてくれるならば他の大学に斡旋の労は取ります、という「ご親切」まで付け加えたらしい。「小さな親切、大きな迷惑」という言葉が思わず口をついて出そうになった。「本当に優しくて気のいい先生方」なのである。

だがもちろん、クビを切られる当人達がそんな親切ごかしで納得するわけがない。その大学で教鞭を執ること二十年に及ぶ人もいる。しかも、授業以外に、交換留学生がらみの行事に通訳としてかり出されたり、専任教員の質問に答えてやったりと、非常勤講師の職分を越えて殆どボランティアのように大学に貢献してきもした。なのに、「文部省の資格審査云々」或いは「研究者云々」とどちらが本音か定かでない口実を盾にして、一方的に解雇通告する無礼と不正義が許せないのである。そのうえ、「悪い教師」の烙印を押されてほいほいと引き下がるわけにはいかない。ところが彼らの言い分やその声にならない心情に、永年の誼のある専任教員が耳を貸したり共感を示した形跡はない。「大学の執行部の方針」と「文部省のお達し」を交互に繰り返して責任を転嫁することに汲々としたのである。

したがって、大学内の良識なり「民主的制度」によっては埒があかないという現実が明らかとなった。そしてこういう場合に必ず起きることが起こった。弱い者の分裂である。日本の社会の仕組みを知悉するアドバイザーを身近に持った人は「日本的手法」に活路を求めた。抵抗する人を横目に「抜け駆け」し、個別折衝で雇用保障を取り付けたらしい。一方で、そうした仲間の離反に苦い思いをしながらもあくまで「筋」を求めた人々がいた。大学の教職員組合と、外国人労働者の権利擁護を中心に活動している学外組合に連絡を取ったのである。これを「自然な」道筋と考えてはなるまい。彼らの内部で蓄積され、高じた「日本不信」ということを考慮に入れれば、逡巡を乗り越えるに当たっての跳躍のような心の動きがあったことは想像に難くない。それはもちろん、日本の大学にあるはずの良識や知性に対する「賭け」であった。そういう身を挺した呼びかけに「日本の大学」がそれに相応しく対処することができたかどうかはよく分からない。「国際化」とはこういう応答の努力以外の何物でもないはずで、この社会はこういう場でこそ「国際化」の実を試されているのだろうに。それはともかく、彼らの蛮勇を契機に事態は動き出した。そしてそこで初めて様々な事実が明らかになった。

一、解雇対象者は外国人だけではなく、少数ながら日本人教師も含まれていた。
二、文部省の審査ではなく、一般に「プレ文部」と呼び慣わされているコンサルタント会社の審査によって、文部省の審査でクレームが付く恐れがあると判断されたに過ぎないこと。このプレ文部とは文部官僚の天下り先の民間会社であり、その審査というのは法的に義務づけられているのではなく、ただ文部省が実質的にそれを強制していること。
三、改組にまつわる文部省の指示に従うとしても、今後数年は旧カリキュラムの学生が残存するので、この一年を限りに解雇するのは理屈に合わないこと。
四、学長は従来から授業人数の「適正化」の名の下に、少人数クラスの削減と非常勤講師の削減を主張していたこと。したがって、今回の騒動は学長を中心とした効率経営という路線上で生じた。

要するに、文部省の威を借りた「経営合理化」なのである。しかしもちろん、「大学改革」のからくりが背景にある。大学の自由化というかけ声とは裏腹に、国の管理強化が進んでいる。私立大学の非常勤講師の資格にまで口出しするとは、本当に「お暇」で「お節介な」役所であると呆れて済ませればいいのだが、そのために飯のタネを不当に奪われる恐れがあるのだから、そんな戯れ言ですますわけにはいかない。

ともかく、学内組合による非常勤講師の実態調査や情報宣伝活動、教授会での議論、さらには学外組合と大学執行部との団体交渉などを経て、ささやかではあるが事態は動き出した。大学が渋々と提示した妥協案はこうである。

一、何らかの事情で辞めることになる講師には少額ではあるが、一時金を支給する。

二、あくまで講師を続ける意志を持つ者には、文部省の審査に通るように便宜を図る。たとえば、論文掲載の紙幅を与えるとか、そのための研究費もささやかながら支給する等。

したがって、怒りや不安を宥めて継続勤務を希望する講師に関しては、雇用の継続が可能な見通しが開けつつある。しかしこれを喜ぶわけにはいくまい。何故なら、基本的な所では変更や譲歩は示されていないからである。

基本的というのは次のような点である。

一、大学には今回の騒動の責任は一切ない。あくまで文部省のお達しがすべてであり、大学はそれに反するわけにはいかない。

二、非常勤講師に関して、雇用責任などない。一年契約であり、過去にどれほどの貢献をしてきたかといったことは、全く考慮の埒外である。

大学側の終始変わらぬ見解によれば、「責任は通知を出した大学当局にはない」のであるから、いわば無人のシステムが解雇通告したことになる。そのシステムとはおそらくこの社会全体に浸透し、この社会を動かしているそれなのだから、この社会全体が変わらなければこの通告がひっくり返ることはありえない。自動機械のようなシステムが人々の生活と精神を破壊するという事態はまさに「超現代的」かつ「日本的」で、責任を預けられた文部省もまた自らが責任を追及されるような事態になれば、またどこかの「上」なり「下」を指さして、「あちら」の指示で私どもとしては致し方ありませんなどと嘯くことになるのだろう。こういうシステムの迷路を相手にして怒り続けるエネルギーを誰もが持ち合わせているはずもなく、実質的な生活擁護が少しでも果たされればひとまずは引き下がるしかないなあ、という気になってしまう。だからわたしたちが当初最低限の線として思い描いていたもの、「それなりの合理性」といったものなど夢の夢というのが現実のようである。

「日本の大学では何から何まで文部省の指示、命令と言うね。ここは私立大学なのにね。まるで全体主義国家みたい。いつのまにまたもや全体主義国家になったの？」

これは一人のアメリカ人教師がため息混じりにもらした言葉で、なるほどとは思いつつも、他方で、はたして日本が彼らの想像しているような「民主国家」になった試しなどあるのだろうか、と囁く声がわたしの内部からせり上がってきたものである。

3 「幽霊」の反逆と責任をかぶせられる「馬鹿」

ところで元の問いに戻る。わたしの見込みは「偏見」に過ぎなかったのか？

非常勤が自らを権利主体と自任し、解雇の対象者に共感して力を貸すということは予想通りほとんどなかった。但しその一方で、大学当局がそういうことまで念頭に置いたうえで今回のような攻撃に出たのかと言えば、どうもそうではなさそうなのだ。だから、こちらは外れ、ということになる。だが、予想は悪い方に外れたのである。大学当局は端から、強いも弱いもなく、非常勤が権利を主張することなど予想だにしなかった気配なのである。

大学が生き残り策を立てるに当たって、たとえ辻褄合わせであれ、非常勤の処遇に思いを馳せたことなどなさそうなのである。しかもこれは、大学当局だけではなく、大学の構成員である教員の誰一人として、彼らの言うところの「改革」が孕む「負」の側面について、それなりの想像をした人がいないようなのである。

大層に言えば、彼らにとって非常勤など「幽霊」なのであった。そしてその「幽霊」がなんと権利を主張することに彼らは驚いた様子なのである。そして一方、「幽霊」の方も、自分たちが「幽霊」と見なされていることに今更ながらに驚いたのである。

わたしはこの事件に関して専任教員の積極的な対応が見られないことがどうしても解せず、当大学の専任教員で知り合いの数人に尋ねてみた。非常勤の解雇に対してどのような理屈と責任と心理で彼らが同意し、決定に及んだのかが知りたかった。もちろん彼らには彼らなりの立場があり、それを知らないわたしがいたずらに正義や権利を振りかざして非難するのは馬鹿げている。だが、後学のためでもある。非常勤で生計を立てている身からすれば、彼ら専任教員がどのような理屈なり精神構造を備えているかということは、今後のわたしの命運を決しかねないのである。

果たして、どの教員も大同小異。責任は自分にはないという。大まかな理屈はこうである。

一、英語の非常勤の問題は英語科の専任教員の責任と権限に関わることであり、英語科に属さない人間が口だししたり責任を負える事柄ではない。そしてその英語科の教員が「馬鹿だから」こういうことになっているので、同じ大学に身を置く「身内」としては恥ずかしい限りである。

二、大学にとっての冬の時代にさしかかり、大学は内部変革をすることで生き延びねばならない。そういう認識から経営の合理化と平行して、教育研究の充実を図るという路線は必然であり、正しい。むしろ遅きに失したほどである。ただし、それをスムーズにできないのは、大学執行部の「馬鹿さ」のせいである。そして文部省の形式主義のせいでもある。あの「三流官僚」達は本当に「馬鹿である」。いずれにせよ、真面目で優秀な教員達はそのせいでおおいに迷惑を被っている。

三、外国人教員は業績や人品骨柄について「きちんとした」審査を経ていないことが多く、ずいぶん「いい加減な」理由や経緯で雇われている。もちろんそうした人物は学問研究の場であるべき大学には馴染まないのだから、今回の事態は「致し方ない」側面もある。「あの連中」にはいい加減な者が混じっているから、この際に整理されても仕方がない。

とまあ、なるほど見事な知識人である。「真面目で優秀な教員」の口からすらすら出てくるこうした理屈に、鼻持ちならない特権意識を嗅ぎつけるわたしは「僻み根性」が強すぎるのかも知れないが、彼らの周囲にはなんと多くの「馬鹿」がいるのかと驚きを禁じ得ない。そしてその「馬鹿」のせいで本当に迷惑を被っているのは、いかなる権限も与えられていない「幽霊」であることに、何故その優秀な頭は気づかないのかと、これまた呆れてしまうのだが、そういうことを問題にするのはよしにしよう。

ともかくその「馬鹿」のおかげで、彼らには責任がないということになるのだから、「馬鹿」にも十二分以上に存在価値があることになる。「馬鹿とハサミは使いよう」という俗諺を彼らはさすがに見事に実践している。なるほど「有能で真面目な教員」たちである。お見事、お見事、と喝采を献上しなくてはなるまい。

4 「あの連中」と呼ばれる人たち

ところで、この事件に関わっているうちに「馬鹿」と同じく頻繁に耳にした言葉こそが「あの連中」である。耳障りでありながら聞き捨てにしていたその言葉に意外に大きな意味が込められていそうだと気づいたのは、信頼している友人の口からそれが漏れた時のことである。

永年にわたり非常勤生活をしている友人の親身の忠告であった。

「まあ、正義感はいいし、気持ちも分からなくもないが、けれどもつまらんことに首をつっこんで、身をすりつぶすことはないじゃないの。どうせあの連中はいい加減なのだから、後で馬鹿見るのはあんただけということになりかねないよ」。

「馬鹿」は可愛らしく責任を引き受けてくれるが、外様の「あの連中」はそうはいかない。「こちら」の暗黙の了解が通じないのだから、暗黙の了解によって予め共感を封じ、排除しておかないと、内輪の会話が成立しない。そしてもちろん、内輪の結束が強まらないというわけである。

つまり、「あの連中」という言い回しには、排除による団結というメカニズムが作動している。もちろんそれを口にしている当人も薄々ながら、その力を知っている。これは私一個の心と体に染みついた実感である。わたしは在日朝鮮人として生をうけたこともあってか、生まれてこの方、そうした言葉の暴力の恐ろしさの中で生きてきたという思いがある。その恐ろしさを今回の事件の過程で改めて思い知ったという案配なのである。

他者の排除を見事に遂行するそうした普通の言葉が、この社会では実に大きな武器となる。そして、おそらくは、「あの連中」と後ろ指を指されているという気配を「あの連中」は日常的に感じている。その恐ろしい言葉の毒が「国際化」を標榜する大学内にすっかり行き渡っている気配なのである。

「あの連中」という言葉がいったん力を振るい出すとあらゆる論理は無効となる。まさに現在の大学がそうであるようだ。そうでなかった時代がはたしてあったのかどうかは知らないけれども。

5 「犬」と自称する人たち、もしくはその自覚なくして「犬」になっている人たち

一方でそうした言葉の毒を十分に用いながら、他方では彼らは見事に寡黙である。つまらぬことを口走って責任を負う羽目に陥らないための黙秘が、大学の要職にある人の金科玉条というわけである。

組合との交渉に出てくるのは学長、事務局長、そして各学部長たちなのだが、発言するのは専ら学長であった。他の面々は黙して語らずを決め込んで動じない。学長はオウムのように繰り返す。「当方には一切の責任はないのだから、決定を覆しようがない」。まるで意味を失い騒音と化したエンドレステープを相手にしているようなものである。

尤も、この学長、本当に「馬鹿」なのかどうか、その「オウムの言葉」が外部には通用しない

と分かってどうにも窮してしまうと、あろうことか、責任を配下、つまりは学部長や事務局長に転嫁する。いわく「学部の決定を承認したまでだ。本学は民主的運営が原則である」と。ところがそうなっても、学部長達はやはり黙秘、沈黙の鎧に身を隠して嵐の過ぎ去るのをひたすら待つといった気配なのである。こういう光景は端から予想の上とは言っても、学者志望のなれの果ての身としては、苦くて辛いものがある。それなりの知的な野心を抱き、それなりの知的な訓練を経てきたはずの彼らが、言葉のやりとりを一切拒否しながら権力の盾になることに何らかの意味を見いだしているとすれば、わたしなどはやりきれない気分に落ち込んでいく。

ところがある時、別の大学の要職についている知人が口にした言葉で、やっと合点がいく思いがした。わたしの駄文「大学はバイ菌の住処か？」についての彼の感想であり、批判である。

「専任になるというのは、うーん、結局『犬』になるということなんですよねえ。大学に飼われるということ……非常勤の辛さというものがあるとしたら、うーん、比べるわけにはいかないけれど、『犬』の辛さというものがあって、あなたにはそれを分かってもらえないだろうけれど……無理でしょうねえ……」

なるほど「犬」なのか、と目から鱗が落ちた。ところで、その「犬」はその「犬」を馬鹿呼ばわりする「真面目で有能な研究者」たちと別人なのかといえば、そうとも言えまい。彼らは一心同体なのである。「馬鹿な」「犬」の役回りを果たしている分身を盾にしてこそ「有能で真面目な学者」は自らの清廉潔白を誇りうる。そしていつの日かその役回りが巡ってくれば、それを我先にと買って出ることになるはずだ。「お勤め」なのだから、いかに「辛く」とも「堪え忍ばねば」、とおそらくは彼らは嘯くだろう。

だから彼らに「犬」の自覚などあるはずもない。自らを「犬」になぞらえた人物のように、苦々しくあってもあくまでその自覚を噛みしめつつ責任を引き受けようという教員がどれほどいるだろうか。

その自覚があれば、「犬」には「犬」なりの意地なり、「仁義」が生まれるだろう。飼い犬でも度を越えてテリトリーを侵害したり、横暴を振るう飼い主には噛みつくこともあるだろう。ところが、ある時には権力の犬であり、ある時には「知」の啓蒙者なり実践者であるといった変幻自在な「犬」は誠に困ったものである。顔がない。「犬」格がないのである。権力の盾になりながらその自覚がない相手では、何をいっても始まらない気がしてしまう。

だが最後の力を振り絞り、呼びかけてみる。このシステムから排除されたりその下部に押し込まれる危険は誰にだってあるのですよ！　組織や制度に身を潜めているうちにその危険を忘れてしまって、あげくは己の言葉を発せなくなるどころか、言葉自体まで失ってしまうかもしれないのですよ。その失語の恐ろしさを……。

こんな弱気な呟きなどわけもなく吸収し、微動だにしない体制である。いわば空白の権力、これこそ日本の集団主義が見事に機能している好例とついつい感心してしまう。だがもちろん、その犬に噛まれて悲鳴を上げる危険に曝されているわたしたちがそんな脳天気でおれるはずがない。尻尾の輪郭なりとも描ければいいのだが。

手をこまねいて目だけを働かせて、「世界」が見えてくるはずがない。「あの連中」と呼ばれる恐ろしさを想像し、その恐ろしさを「あの連中」と共有する努力くらいはしてみたい。はたして、そういう志の実例をわたしは目にすることができた。

「労働者に国境はなし」というのは、今や昔語りと思っていたが、今回の外国人講師のSOSに応えた組合のような例もこの社会にはあるのだから、救われる気がする。その精神と行動力に学ばねばと思う。今からだって遅くはないはずだ。「苦い経験からこそ学べることが多くある」というのは真理かもしれない。

第四章 「チャン語」と「フラ語」

あのベルリンの壁の崩壊時には、ドイツ語の履修者がどっと増えたり、またあの天安門事件の直後には中国語の希望者が激減したりと、学生の外国語選択には見事に世界情勢が反映している。

若者たちの挙動や言葉遣いに眉をひそめるのは老化の証拠だと思いはするが、眼にしたり小耳にはさんだりすると、不快だったりぎょっとしたりすることがどうしてもある。とりわけ言葉のはやりすたりにはついて行けず、そんなものだから、ついつい愚痴のひとつでも言って腹いせをしたくなる。

つい先頃までは「メッチャ」が氾濫していたかと思うと今や「ケッコウ」のオンパレード。どちらも程度を表わす副詞で、前者はいわば絶対最上級、それに反して後者は断定をさけて判断をぼかすはずなのだが、あまりに頻度が高くてかえって意味は空洞化している模様。なのに「オッサン」としては違和感を覚えるものだから、ついついそこに意味を見い出そうと無駄な努力に気を取られてしまい、展開の早い若者の話に置いてきぼりを食いかねない。そんなものだからその気はなくてもついついおもねてしまう。あげくは、自分でもそれを口にのせていることに気付いて愕然とすることがある。

コメディアンのギャグだった「くさあ」も若者の間では使用頻度の高い語彙になっているらしい。ひょうひょうとした「奥目の八ちゃん」がそれを発する絶妙の「間」と体中の空気を放出して力を抜く身振りがあればこそ、あのギャグはそれを口にする人物と相手の両方の「くささ」を昇華し、何とも言えないユーモアが醸し出されたものだった。ところが今や流行の「くさあ」は汚らしいうえに攻撃的。冗談の薄衣に透けて見える侮蔑と排除の論理に「良識人」たるわたしなどついつい身構えてしまう。さらには「むかつく」とか「失せろ」などになると「こいつら、一体何を考えて生きているのやら。親や教師は何を教えているのか」などと古来変わらぬ常識的大人の愚痴が口をついて出そうになって、そういう自分に呆れ返ったりする。何を隠そう、わたしは二児の父親でありしかも教師なのである。

さてその教師と言っても、「バイキン」なる別名を頂戴している純粋非常勤。いかなる身分保証も福利厚生もなく、時間給で一年契約のいわばフリーター、しかも今や零落するフランス語の教師として生計を営むわたしが多いに気に病んでいる言葉がある。「フラ語」である。文部省の「大綱化」というお達しで今や必修を外された第二外国語教師で生計を立てているわたしにすれば、まるで倒れかかっている自分の身の上を言い当てられたような気がしてしまう。もっともまだその程度なら、それをギャグにとりこんでしまえばすむ。「十八番」の自己卑下の持ち札のひとつにしてお茶を濁すこともできるのだが、外国語を表わす短縮語という意味ではその「フラ語」と同じカテゴリーにはいりそうなのに、どうにも不快感を払拭できない言葉がある。「チャンゴ（語）」である。あの「チャンコロ」はたまた「チョンコ」を想起して身の震えを禁じ得ないのである。そう何を隠そう（芸のないリフレインでご免なさい）、わたしはかつて「チョンコ」と呼ばれていた在日朝鮮人二世なのである。ことのついでに付け足せば、あの「くさあ」に反発や怯えを覚えるのは、わたしがかつて「チョーセンは臭い」という言葉に怯えていた名残かもしれない。

ともかくそんなわけだから、「チョーセン」のなれのはて、かつ教師の端くれであるわたしとしては、「チャン語」その他を「差別語」だとしてその撲滅のために奮闘すべきなのであろうが、なかなかそうできない自分がいる。情けないことではあるが学生たちに対するその種の訓戒の徒労を予想してしまう。いくら徒労であろうとも正しいことは正しいと粘り強く主張し教導するのが教師たる者の役目だと思いはするが、ただ手をこまねいて立ちすくむといった有様なのである。

だから何かに八つ当たりして責任を解除したいという誘惑に身を任せたくなる。零落するフランス語を尻目に我が世の春を謳歌している中国語の隆盛に冷や水をかければ少しは気が晴れるかも、といった按配。「チャン語」を学生の口に上らせるような中国語教育とは何か、そもそも日本の、そしてその大学の、あの掛け声喧しい国際化の内実がこれだ、などと。だがもちろん、そんなことで始末がつくはずもないことはいくらわたしでも分かっている。

そんなわけで、せめてその「チャン語」が飛び交う風土を経巡り、ひいてはその正体をつきとめられないか、とぼやけた眼をこすり、ない知恵を絞り出そうとしているのである。その先に「チャン語」撲滅作戦の展望が開けるなどということは起こりそうにないのだから、なんの役にもたたない探索である。あらかじめお断りしておいたほうがいらぬ落胆も生じず、お叱りを免れるであろう。

1　日本の大学の外国語教育

先にも述べたように、日本の大学では近ごろ大変な中国語ブームが起こっていて、これを喜ばしいことと看做すのが一般的なようだ。日本の国際化も地に足がついたものになった。欧米一辺倒からアジアの一員としての自覚が遅まきながら浸透してきた結果という認識。概ね妥当なものと言わねばならないだろう。それを認めつつもわたしの心中では天の邪鬼が頭をもたげる。そのついでに朝鮮語も、と思うや否やそれが到底かなわぬ望みだという諦念が先に立ってしまい、何が国際化か、と憎まれ口の一つでもたたいて腹いせをしたくなる。一度しみついた「チョンコ」の僻みは抜き難いもののようなのだ。

ところで、そういう僻みはわたし一人のものではないらしく、昨今の中国語ブームを不安な面持ちで眺めている人たちがいる。当の大学教師たち、といってもその一部、欧米語担当の教員たちである。但し、英語は名だたる世界語、しかもその位置が揺らぐどころかドイツ語やフランス語の地位を浸食してますますその覇権を誇っているのだから、太平の世を謳歌している英語教員たちは別世界に鎮座しておられる。

さて従来、日本の大学では二つの外国語が必修とされていた。第一に英語、そして第二に英語以外の言語。その選択肢は概ね欧米の言語つまりドイツ語、フランス語、ロシア語、そしてスペイン語、さらにその後、一部の学校では非欧米語である中国語が附け加わるという状況だった。欧米に追い付け追い越せをモットーとするアジアの先進国日本の、自意識なり対外的なシフトが反映していたわけである。もっとも、大学の大衆化状況が進むにつれ、そうした二つの外国語必修という制度に対する懐疑が頭をもたげることはあった。長年強いられた英語もろくに理解できない学生が増大し、しかもその学生たちは生涯外国語などとは無縁の職業生活を送ることになる。そういう学生たちに、エリート教育の名残という以外になんの必然も意味もなさそうな制度を押し付けるのは、全くの時代錯誤であるばかりか害悪だとする議論もあるにはあったのである。

しかし、一度定着した制度を変えるのは難しい。定着した制度を擁護する議論には事欠かないのが世の常のようだ。日本の外国語教育はそもそもが実用を目標としていたわけではないとする理屈がその一つ。外国語教育は教養教育なのであり、極端に言えば貧しい日本語教育の一部を肩代りしているのだとする見方は不毛の実感に苦しむ現場の教師たちに安らぎを与えていた。そしてその延長線上では、大学は二つの外国語教育があってこそはじめて大学の名に値するという議論があったし、実用など糞食らえという主張が、しだいに膨らむ不安と懐疑に内部を穿たれながらも、大手を振って闊歩していたのである。

ところが今やそうした牧歌時代も終わった。大衆化という事態はのっぴきならない現実として感じられるようになった。「教養より実用」が社会と父母と学生の要請として前面にせりだしてきた。そしてそれと平行するように、もっともらしいのだが実体は定かならない国際化という掛け声が毎日のようにメディアを賑わす。こうして実用にならないものは存在価値を認められなくなった。槍玉に上がるのは「パンキョウ」と蔑まれる教養科目、そして話す能力を養成できない外国語教育というわけである。

そうした空気が珍しく国政に影響を及ぼした。文部省の私立大学経営に対する配慮の賜なのか、学生の能力に対する洞察なのか、ともかく外国語の必修単位の削減を許容する、いわゆる「大綱化」が大学内の「外国語おじゃま虫」説を後押しする。少なくなったパイの取り合いが必然となる。そこへなんと思いもかけない新参者中国語の大進出という事態、英語以外の欧米語教師はお役ご免となりかねない。

かくして英語と中国語以外の外国語の教師は失職の可能性に怯えている。「終身雇用」の専任教員の場合は不安もさほどのことではないのだろうが、それでも自分の商売のテリトリーの縮小という現実を前にして太平を決め込むほど能天気な教師は多くはなさそうである。自分は辛うじて助かったと胸を撫で下ろしながらも、脅威を覚えたり、不快感を持って眺めている教員が多いのである。

さてそういう不安はアリバイ証明を促す。役に立つ外国語教育、つまり話せる外国語の実践が競われるようになった。といっても二年が一年、週に二回が一回へと授業時間が目だって削減される状況で、「実用外国語教育」なるものの実が上がるのかは誰だって心許ないのだが、そんなことをうじゃうじゃ考えているうちに置いてきぼりをくらっては困るというわけで議論はおあずけ。せめて安くなった外国旅行の際に一言二言でもしゃべることができれば学生もやりがいがあるだろう、そして教師も有難がられる。こうして、八方丸く収まり万々歳、と話の輪が閉じる。

その一方では、「逃亡」の道がある。教養科目の担当者は三流教授という偏見があるものだから、コンプレックスに苦しむ当の他称三流、自称一流教授はなんとかして学部のポストを獲得して一流とまではいかなくともせめて二流への上昇を狙っている。うまい具合に、教養部を解体して専門の学部への改組という文部省お墨付の時流が訪れた。その波に乗って晴れて念願が叶う。

もういらぬコンプレックスとはおさらば、それどころかもともと自分は語学の初歩を教える「研究」をしてきたわけではないのだから、そんな徒労で四苦八苦するのは真っ平ご免と言い張る大先生がここかしこに出現している。語学のＡＢＣなど安物の教師に任せておいて御自身は「大問題」の研究と講義に邁進なさるのである。「大学改革」なるもの、本来の意図と成果のほどはともかく、思わぬところで多いに功徳を施しているわけだ。やれやれ……。

2　中国語の大躍進の秘密

さてこういう変貌著しい、と言えば格好がつきそうなのだが実は慌てふためき混乱をきわめる大学の語学教育の現場で、しかもパイが小さくなった市場で中国語の謎の大躍進が進行しているのである。はたしてこの大躍進の秘密は何か。

ひとつには日本の世界に対するシフトの組み替えの影響があると見るのが一般的。十億を越える民と巨大な領土を擁する中国の将来に対する脅威の意識、それに加えてそれと裏表の市場化への期待、そういう二重の展望が反映しているというわけだ。

もっとも、こういうもっともらしい議論には一度は眉に唾をつけてみたほうがよい。古来繰り返されてきたことではあるが、「今どきの若者（学生）」という言葉があって、無知と無神経を取り沙汰されている。なるほど彼らの歴史や世界にたいする知識欲と感受性のなさにはほとほと呆れるばかり、というのが教育現場の実感である。だから彼らがそういう大状況に反応するなんて「ホントにホント?」と多いに疑問が残るところなのである。ところが豈《あに》図らんや、いくら関心がなくとも軽いフットワークを駆使して彼らは実に見事に「世界」に反応する。既にその先例をわたしたちは幾度か目にしている。

たとえば、もう色褪せた感があるけれども当時は歴史的大事件だったあのベルリンの壁の崩壊時には、ドイツ語の履修者がどっと増えたり、またあの天安門事件の直後には中国語の希望者が激減したりと、学生の外国語選択には見事に世界情勢が反映している。近いところでは、フランスの核実験。それが取り沙汰されていた頃には、フランス語の教師はそのせいで履修者が減る心配をまるで挨拶代わりに口にしていたものであった。学生も学生なら教師も教師だ、と失笑を買うこと請け合いなのだが、ともかく教師にそうした心配を余儀なくさせる現実がある。何であれ商売のネタに取り込み狂奔するマスコミに対して過敏というのはたしかに今どきの学生たちの特徴らしい。なんといっても現代は情報社会なのである。情報も量が過ぎると正誤や価値の判断がつかなくなる。多量にしかも声が大きいものが勝ちなのであって、勝ったものが正しく、得をするのだから、何はさておきその後に食らいついていくのが生きる知恵ということになる。今どきの学生、たとえ新聞を読まなくとも、またテレビのニュース番組などにはそっぽを向いていても、それほど馬鹿ではないのである。就職やアルバイトの情報誌、それに加えて学生必携のマンガ雑誌という強い味方を持っているのである。

そんなわけで、得をしないまでもせめて損を免れるためのいわば保険として中国語ブームが起こっているようなのだ。但し、その保険、もし高くつきそうならば誰だって飛びつきはしない。何しろ軽薄短小が偉大なる価値になりおおせている現代、その申し子である「今どきの若者」がわざわざ苦労してまで保険をかけるわけがない。お手軽な保険として目の前にあるから飛びついたということなのであろう。

同じ漢字文化圏なのだから何とかこなせそう、もちろん単位も取りやすそう、という見込みがあるからこそ、お手軽な保険なのである。

ところで大学の第二外国語、それは「お手軽」どころか、多いに気をもませてきた科目なのである。進級や卒業に四苦八苦する学生の大半は、不足単位が何かといえば第二外国語なのである。

学生の卒業、就職に心を砕く「良心的な」教授先生方と当の学生たちにとって、第二外国語は無用なばかりか憎き敵でもあった。

ところがいくら憎き敵とは言っても、その敵を一挙にせん滅するなどと簡単かつ乱暴に事が運ばないのが「良識の府」、「真理の殿堂」たる大学の大学たる所以。からめ手で敵の力をそぎ、敵を敵でなくせばよいのである。幸い、大学は「言論の府」でもある。クラスの三割以上不合格者を出していただいては困る、といったことが外国語の主任のお達しとして通達される。それほど多数の不合格者を出すのは教師の教え方なり試験の出し方が不適当なわけだから、と教育的配慮と教師の責任論が絡んでなんとも反論の難しい立派な理屈がついた命令なのである。あるいはまた、間接的命令という手口もある。卒業年度の学生には何はともあれ卒業をというわけでいろんな優遇措置が講じられているのだが、それでもまだ「ぼんくら学生」へのサービスが不十分というわけなのか、追試験の問題用紙として担当教師に配布されるのが殆ど問題が書き込めないほどの小さなもので、形だけ試験をすませて通しなさいという暗黙の命令をひしひしと感じさせたりする手法が用いられる。さらには、お偉い先生と学生とが一身同体と化してなされる恫喝もある。卒業年次の学生で「就職が決まっているので何とか合格点を」と泣き付いてきたのだけれども、殆ど出席していないうえに試験もさんざんな出来具合、こちらもややこしいことには関わりたくないのだが、救いようがなくて仕方なく不可の成績を出したとする。すると、その学生から意外な展開に憤慢やるかたなしの執拗な電話。はねつけると、その学生いわく。「せめて追試を。ゼミの指導教授の話では、成績の変更などいとも簡単。先生の腹三寸。したがって、ぼくの人生は先生の腹次第、とおっしゃっておられます」などと反論の余地は多いにあっても実際は抵抗の難しい脅迫を受ける。お偉い教授の自らは手を汚さない狡猾な入れ知恵と露骨な干渉に腹をたてるものの、本当のところは閉口してしまい、意地を抑えて「負けるが勝ち」などと、非常勤という三文教師が身の丈合わない君子の知恵を無理やり自分に言い聞かせることになる。情けない話だが自分の身が可愛くて、そういう自分の教師の風上にもおけない体たらくを恥じたり、はたまた憐れんだり……。

ところが、今やそんな面倒も昔の話。うまい具合にお上から救いの手が差し出されたのである。時代のニーズにあったカリキュラムを謳う文部省の自由化と多様化を柱とする大学変革の掛け声は、そうした現場の苦渋をすくい上げたようだ。少人数教育が必要な外国語教育の軽減もしくは廃止によって私学経営の効率化を促すとともに、スムーズに学生を産業社会に送り出すことが容易になったのである。

かくして大学の現場と政治、経済の要請が見事にフィットして、めでたしめでたしとなるはずなのだが、ここで嘘のような本当の話を一席。

文部省のお達しに喜び勇んで飛びついた大学があった。第二外国語の必修の廃止を他に先んじて実行に移したのである。もちろん、自由選択で厄介な外国語を受講する学生は少ない。少人数の授業を一挙に削減できて経営者はほくほく。卒業で四苦八苦する学生が激減の予想もついて教授先生方の肩の荷も軽くなったと思いきや、思ってもみない事態が出現。学生が学校に来なくなったのである。マスプロの授業など試験が近づいてから情報を仕入れ、ノートを借りてコピーで対応できるのだから昼寝のためにわざわざ学校まで出かけるまでのこともない、と学生たちは考えたのであろう。ところがなんでも習慣は恐ろしい。ひとたび学校へ通う癖がなくなってみれば、どんどん通うのが億劫となる。もちろん他の授業にも以前にもまして熱意が入らなくなる。学生がまばらな大学となってしまったのである。これに慌てた大学はなんと、第二外国語の必修を復活させて息をついたというわけである。笑える話ではないか。

何はともあれ、英語以外の外国語無用説が大学の内外で確実に力を得ている。極端な例では、地域研究という今はやりの講座、その学生たちがその当該地域の語学を学ばなくても構わないというような事態も出現している。英語以外の言葉など社会に出てなんの役にも立たないという判断、それに加えて、今どきの学生の能力では英語以外の語学をものにすることなどできはしないという学生に対するみくびりがその根拠になっている。そういう事態に関しては長々と議論してみる必要があるだろうが、今ここではそれを回避しておく。ただそういう外国語無用説が力をもつのと並行して中国語の大躍進が起こっているという事実だけは押えておくべきであろう。ということは、無用でものになるはずもないがお手軽この上ない外国語として中国語は教えられ学ばれているということになりそうなのだが、はたしてどうなのだろう。

3　中国語は単位をとりやすいのか

中国語ブームの原因についての以上の推測に無条件で同意を示す人は多くはないだろう。暴論であり、偏見だとお叱りを受けるに違いない。わたしとしても「暴論」に真実の衣をまとわせるつもりはない。ただ、そういう「偏見」がわたしのみならず多くの大学関係者に共有されているはずという個人的判断があって、その判断に基づく「事実」を告白しているだけのことなのである。しかも、そういう告白をしているうちに、大学には数々の偏見が蔓延していることに改めて気付かないわけにはいかず、そのあたりのことを包み隠さずつまびらかにすることによって、偏見の構造もしくはその由来の探索へと話を進めたいのである。

どんな集団にもいったんその外に出れば馬鹿げて見えるのに、その内部にとどまるかぎり不思議なほどに信憑性をおびる噂というものがある。大学もしかり。出所定かではないまことしやかな噂が、理屈の衣をまとって流通している。とりわけここで話題にしている中国語に関しては、名誉などとは到底言えない噂がささやかれていた。

中国語がまだ少数派だったころの話。第二語学の選択で学生の質が判別できるという説があった。ドイツ語の学生が真面目度一位、ついでフランス語。それに対して中国語やスペイン語など少数派の語学を選択する学生はおしなべて勉学意欲に欠ける。その証拠に中国語やスペイン語の学生にはカンニングが多く、それも悪質なのが目立つ、という話。

念のために申し添えるが、そういう説を吹聴していたのは外国語の教師ではない。外国語の教師にはそもそもそういう比較ができる材料がないのだから当然である。では誰がと言えば、第二外国語の選択を問わず学生一般を相手にしている専門教育の教授たちなのである。彼らが嫌々ながらもお勤めの一つとして語学の定期試験の監督に駆り出されて、退屈まぎれに出題者のわたしに囁いた台詞なのである。勉強するつもりのない学生が中国語を選ぶ、と彼らは確信をもって語るのであった。彼ら、という言い方から推察されるように、この説をわたしに開陳したのは複数の教員である。だからそれが「定評」であるとわたしは了解したのである。しかし、それが本当に定評に値するものなのか、また、そもそもその「定評」がいかほどまでに事実の裏付けを持っているのかを判断する材料がわたしにあるはずもないのだが、中国語は多数派の独仏語と比較して単位をとりやすいという情報が学生たちに蔓延している。このように教師たちが認識していたことだけは間違いがなさそうなのである。

さて最近ではそういう「常識」を耳にすることはなくなった。今や多数派になった中国語とその受講者をおとしめる台詞を口にするわけにはいかなくなったということなのか、あるいは中国語を受講する学生の質なり評判が変わったということなのか、これもわたしにはよく分からない。しかし、あの「常識」が姿を変えて別の集団で囁かれるようになった。

中国語の大躍進は中国語の教師集団の陰謀の成果だ、という説が生まれているのである。中国語の教師たちが示し合わせて単位のダンピングに励んだ結果、シェアの飛躍的な伸びが達成されたのだという「中国語教師集団の謀略説」。出所定かでないのは噂の噂たる所以、もちろん真偽のほども確かめようがないのだが、流通しているのはそれがある程度の信憑性を得ているからにちがいない。

中国語の先生方なら一笑に付すどころかおおいに怒りだすのではないかと心配しているわたしなのだから、人の機嫌をそこねるような悪い冗談をことさらに口にするほどの毒気も土根性も持ち合わせているはずがない。では冗談でもないのに、根拠のないばかりか「悪意」としか取りようのない駄弁を弄するのは何故かと言えば、そういう噂に信憑を覚えるメンタリティが現に存在するということ、しかも、それは個人的な器量の大小の問題ではなく、そういうメンタリティを再生産する状況があるが故だということを了解して頂きたいからである。わたしのみならず多くの教師が、そういう噂を「いくらなんでも、そんな馬鹿な」と思う反面、伝聞という留保をつけながらも、それをまことしやかに語り、噂の再生産に寄与してもいるのである。

しかも、である。そういう噂の効き目はなかなかのもので、外国語教師は相当に影響を受けている、というのが自分自身に照らしてのわたしのひそかな確信なのである。単位を取りやすくすることで中国語のシェアが飛躍的に伸びており、そのせいもあって自分が担当している語学が先細りしているという「感じ方」があるとすれば、もちろん放っておけはしない。自覚的ではなくとも、単位の認定に微妙に手心を加えるということが起こってもなんの不思議もない。少なくとも、わたしはそうであるというのが正直なところなのである。いやはやまったく……。

こういう教師がいるという事態はもちろん大学にとって好ましくないはずなのに、実はそうでもないというのが現実ということは既に充分にお分かり頂けたのではなかろうか。大学、教師、学生が三位一体となって、なし崩し的に「教育」を無化しつつある。そしてこれがどうも歓迎されることらしく、危機を云々しながらも、空洞化した大学は立派な校舎と最新教育機器で外装を施し見事なまでに隆盛している。

4 「チャン語」の正体

こういう状況が「チャン語」の温床であるといってしまえば話は簡単なのだが、わたし一個の僻みが招き寄せた短絡の疑いが強くて、居心地がよくない。だから、逸る気持ちを抑えて、もう少し迂回してみることにする。ひょっとしたら、議論にいささかの幅と根拠がもたらされるかも知れない。

「チャン語」の起源はあの「チャンコロ」以外には考えにくい。しかし今どきの学生、その「チャンコロ」なる呼称が大手を振っていた時代を知っているはずがない。それが死語となって久しいというのが常識なのである。ではどうして「チャンコロ」を知らない彼らがそのヴァリアントと覚しき呼称を使うようになったのだろう。偶然の符号なのか。その口吻や顔つき、はたまた、その言葉が発せられる場の雰囲気を目にするにつけ、わたしにはとても偶然の類似などとは思えないのだが、その可能性を完全に否定できそうもない。というのも言葉というもの、時代の変遷につれ、社会の影響ばかりか言葉自体の自動運動の結果、思わぬ変貌を遂げるものだからだ。

例えば、「チャイ語」を経由した「チャン語」という線はどうか。中国語の呼称として学生たちが最も一般的に用いているのは「チャイ語」であるようだ。「チャイニーズ」から「チャイナ語」へ、そしてその省略形として「チャイ語」が生まれたのだろうが、その「チャイ語」から「チャン語」へという変遷も充分に考えられる。鼻音化現象というわけである。「ン」が含まれているかいないかで、普及の早さや広がりが格段に異なるようだ。打楽器のリズムのようなものが折り込まれて、集団的同調が醸成されやすくなる。「おはやし」になりやすそうではないか。だから、集団的な同調を前提にした言葉（これは当然厳しい排除を内包したものなのだが）、その中には当然侮蔑語も含まれるのだが、どの言語かを問わず「ン」がついてまわるような気がする。因に、ドイツでは日本人を侮蔑する「チャンチェンチェン」というはやし言葉があるそうだ。

そうした筋道に信をおけば、はじめに「チャンコロ」ありきではなかったらしい、ということになる。そしてわたしのいらぬ邪推が証明されて肩を撫で下ろすことができる。このように話が組み立てられればいいのだが、ところがそうはいかないところが厄介なところなのである。言葉自体の歴史的血縁性がなくても、それがあるのと同じ結果がもたらされているということになれば、なおさら問題は深刻だということになりかねない。言葉を発しそれを流通させる主体、つまり人間や社会が改めて問題として浮上してくるからだ。

ところで、「はじめにチャンコロありき」説を採用しようがしまいが、どちらも推測の域を出ないのだから曖昧で無責任な話である。そこで、推測に推測を重ねるだけのこの泥沼からなんとかして脱出しなくてはというわけで、現場に戻ってみることにした。「チャイ語」あるいは「チャン語」を学生たちに教えている当事者であれば、少しは実態とその所以を把握しておられるだろうという次第なのである。

そんなわけで、大学の教員控室で時折見かける年配の中国語の先生に尋ねてみると、少々意外な反応が戻ってきた。「学生たちがチャンコロという言葉を使っていますよね」と言葉をかけると、間髪をおかず「そういう馬鹿げた物言いを耳にはさんだら学生を叱りつけることにしています」と強ばった顔つきの返答が返ってきてわたしは驚いたのである。もっとも、このやりとりには誤解が介在していたのかもしれない。言葉を交したこともないわたしが、出し抜けにそういうことを言うものだから、中国語教育に難癖をつけるような気配を感じて、防御に入るという心の動きがあったのかもしれない。がともかく、まずい出だしだなあと思いながらも、そのまま引き下がるわけにもいかず、「そういう言葉使いに関して書かれたり話されたりしたことをお知りでしたら、お教えねがえませんか」と言葉を継いだところ、「思い当たりませんねえ」とそっけない返答、「クラブの先輩などから伝えられた言葉使いであって、けしからんことです」と付け足された言葉が、引きだしえた情報らしき全てなのであった。

予想外の成果にわたしは驚いていた。おずおずとした探索の一歩にしくじったこともさることながら、この失敗談にかいま見えた「タブー状況」にわたしは多いに不安を覚えたのである。そこで改めて、今度はもう少し若い中国語の先生に同じ質問をしてみたところ、はたして「チャン語は中国語の教師仲間ではタブーになっているのです」と少々困惑の顔つきで確認が得られたのである。そして付け加えられたのが、「偏差値の低い大学ではそういう知識さえもないのでチャン語などという言い方をしないようなんですが、伝統があり少々まともな大学、つまり偏差値が高い大学になると、クラブやその他の先輩後輩関係でそういう言い方が伝達されているようですね」という、分かったようで分かりにくい話だった。

分かったというのは、さもありなんというところがあるからで、そこから日本の偏差値教育の問題に踏み込みたい誘惑に駆られる。例えば、関西で最高峰と定評のある大学の大学院生と話をしていて、「アウシュビッツとおっしゃいましたけど、それ何ですか」と問われて継ぐ言葉を失ってしまった経験などと絡めて、いわゆる受験教育の弊害について論じることができそうだ。また、随分と進んだ差別反対教育にも関わらず、大学内の差別落書きが後を絶たないばかりか、いわゆる有名大学のほうが露骨で挑戦的な文書や落書きが執拗に続くという現実を踏まえて、差別反対教育の限界と可能性について考えてみることもできそうだ。だがここでそういう問題をまともに受けて立つ準備はないので、避けて通ることにする。

ところで一方、分かりにくいと言うのは、先の証言がどこまでも推測の域を出なくて、「ホントにホント?・」という疑惑を払拭できないからである。例えば、「偏差値が低い」と評判のある、つまりは「悪名高い」大学で、何故かしら教師のわたしに悪意を抱いたらしき学生が、授業後の喧騒に紛れて「チョンコ」などと聞き捨てならない言葉をこれ見よがしに叫ぶのを耳にした覚えのあるわたしには、「偏差値云々」とか「大学内での伝達云々」を得心しにくいからである。

ともかくそんなわけで、わたしの安易な探索は霧の中でさまようばかりで終わった。だが、かえって「チャン語」があの「チャンコロ」から雑草のようにしぶとく生き延びてきた背景の手がかりは与えられたような気がする。日本に独特なものなのかそうでないのか定かではないのだが、あの「自主規制」という名の「臭いものに蓋」の精神風土こそはあの雑草のような言葉の格好の温床になっている、と思い至ったのである。

5 「チャン語」と大学と社会と言葉

「うそお、あの子、朝鮮人の友達がおるねんて、うわあ、ええなあ、うらやまし」。

こんなつぶやきをこの日本で想像できるだろうか。ましてや耳にすることがありうるだろうか。では朝鮮人を中国人に差し替えればどうだろうか。これもちょっとありえない気がする。ところが、これがアメリカ人やフランス人であれば、その種のつぶやきどころか声を揃えての合唱を耳にすることが珍しくない。今や日本は欧米を越えたとする主張もあちこちで喧伝されているようではあるが、欧米に対する憧れと劣等感という双生児的感情がこの社会に根強くあるし、弊害も多々あるだろうが、そういうものがこの社会の欲動を引きだし、この社会の勤勉のエネルギーになっているという側面も否定できない。欧米、日本、そしてアジアという序列意識は根本的な変化を示してはいないのである。しかも、そうした序列はさらに細分化されている。どちらも日本の帝国主義支配を経験したアジアの国である中国と朝鮮の間にも明確な序列があるようなのだ。

日本風ではなさそうな一字の姓に遭遇した場合、日本人は相手にどのような尋ね方をするだろうか。十中八九、「失礼ですがもしやして中国のお方でしょうか」となるだろう。相手が中国人である可能性が高いという判断が前提にあってのことではない。日本には中国人より朝鮮人のほうがはるかに多く住み、したがって日本語を話すアジア人はたいていが朝鮮人であるという知識が日本人一般にないわけではないのである。にもかかわらず、何故そういうことになるのか。

たとえ間違ったとしてもそのほうが「無難」だという感じ方があるからなのだ。逆に言えば、「朝鮮人」を口にしてもし違っておれば失礼になるという「常識」が日本人には根強くあるようなのだ。「中国」はまだしも口にできる国名なのだが、「朝鮮」は口にすれば「失礼」になるかもしれないという危惧がつきまとう。「朝鮮」はいわばタブーなのである。だから「あちらのお方ですか」などという意味不明瞭な物言いも編み出されたのである。もっとも、最近ではもっと客観的めいていてその実、曖昧だからこそ便利な「在日のお方ですか」と言い方が普及して、善意の日本人の肩の荷もおりた様子なのだが。

ところでこういう言語の禁圧や言い換えが現実を変えたのかどうか。むしろ、そういう社会的強制への復讐というわけで、私的空間では反動が生じる可能性がおおいにあるような気がする。日本文化お得意の建て前と本音の明確な分離、共存というわけである。建て前によって圧迫された本音が、当人の意識せざるところでエネルギーを蓄積している。当然それは噴出する機会をうかがっている。手近なところで、つい先頃のサッカーの「ワールドカップ」の共同開催決定を契機にした騒ぎに、そういう噴出の雛型をわたしは見ないわけにはいかなかった。またあるいは、積もり積もった「怨念」は路地裏の噂としてソフィスティケートされて排出されたりもする。「ちょっとちょっと、あの人、あちらの人やねんて」「へえええ。道理で、ちょっとちがうと思ってたわ」「そうや、真面目そうな振りをしてるけど。まあ、関わりにならんほうがええわ」「そうそう、なにせ、ややこしいねんから」てな具合に、この「普通ではない国」の「普通の人々」の紐帯の強化はこうした曖昧語法による外部の存在の排除によって遂行されている。

どうも脱線しだした気配なのだが、こういうわたしの個人的な信憑を携えて「チャン語」の話に戻ることにしよう。

改めて言うまでのこともなく「チャン語」は日本の社会に根強いアジア蔑視、そしてその蔑視と裏腹のアジアの大国中国に対する脅威の意識を母体としている。

「民族の歴史」に刻印されてほぼ「肉体」と化したそうした「無意識的偏見」が最大の問題であることは間違いないのだが、それだけのことであればわたしが長々と駄弁を弄するまでのこともない。既に多くの筆が費やされてきたはずだ。だから、わたしはあくまで自分にふさわしい領域に戻らねばならない。つまり、「チャン語」という言葉が飛び交い、そういう言葉の温床となっている大学に。そここそが中国語を教える最大の機構であり、中国理解、ひいては「他者」の理解が進むべきであるはずなのに、たとえ一部のことにすぎないとはいえ、その趣旨とは正反対の結果を生み出してしまっている「教育の場」に。つまり、わたしにとっての問題は「教育」であり、それも大学の「外国語教育」なのである。

敢えて極端な物言いをすれば、「チャン語」を再生産しているのは大学の外国語教育であり、ひいては大学教育そのものではないか、というのがわたしの考えなのである。

中国語を教える機関が大学以外にもないわけではなく、数々の民間の学校がある。そこには老若男女を問わず多くの人々が、「ボケ」防止のためとか趣味としてとか、各人各様の動機で通っている。それはいわば「無償の行為」であって、なにより個人の発意で言葉が、そしてその文化が学ばれている。無償の努力を重ねるうちに、言葉とその文化に対するありうべき恐れと愛情が育てられる。そういう「場」では「偏見」は乗り越えられる。或いは乗り越えるためにこそ言葉が学ばれている。当然「チャン語」が口にされることはありえない。ところが大学では……。

専ら就職のための通過地点としてのみ隆盛を極める大学。その大学の経営者、教員そして学生が就職に有利と看做されない科目を「お荷物」視する傾向が極限に達している感がある。とりわけお荷物の最たるものである第二外国語のうちで、とびっきり安易な単位取得の方便として中国語が選ばれているというのが真実の一部に触れているとすれば、中国語軽視、あるいは中国に代表されるアジア蔑視の「偏見」が再生産されるとしてもなんら不思議なことではない。しかも、である。安易なはずの中国語の習得が、予想に反して難しいことが判明すれば、己を拒否するかに思える「安物」のその言葉と文化をおとしめて自己救済を図るという経路を想定するのは難しいことではない。

相当に乱暴な議論に思われるかもしれないが、こういう理屈はわたしの大学の外国語教師としての永年の実感に根差している。現在の学生たちの外国語習得の熱意というのは、近年の国際化の掛け声とは裏腹にむしろ弱くなっているという気配がある。実用的で就職にも有利な英語以外は不必要だとする教師の「偏見」をそっくりそのまま受け継ぐように、学生たちもまた英語以外の語学を習得したいという意思は薄弱、またそれが可能であるという幻想も甚だ希薄になっている。したがって当然のように、仕方なく強いられる第二外国語の授業は彼等にとって多いに負担であるし、少しばかりの憧れなどどこかに吹き飛ばしてしまうような努力の必要が、ただでさえ薄弱な彼らの意思を萎えさせるという悪循環。極端な言い方をすれば、外国語習得の不可能性を思い知らすためにのみそれを教えているような気がすることも希ではないのである。

この悪循環を断ち切る手だてはあるだろうか。学生の負担軽減の名の下での授業時間数の縮小や、「旅行会話」なるお手軽な「語学教育」が、その手だてになるなどとは到底考え難い。出欠を厳格に強制するばかりか、その種の情報を学生の親に報知するという「サービス」を通じて親と大学の共同戦線を張ることが競われているが、そういう管理の下に彼ら学生を留め置いた上で「国際性のある実学」を仕込むことが教育の名に値するとは思えない。彼らの現実と切り結ばない「正しい言葉」による厳しい管理は次々と新たな「チャン語」を生みだすに違いない。

「教育」という圧政の中で窒息しかかりながらも、大学に入りさえすればとそれすらも馴致してきた学生たちの現実にわたしたちは先ず目を注ぎ、驚かなくてはなるまい。その驚きは、己自身の現実に対する目へと反転し、「わたしの現実」に対する驚きへと転移していくはずだ。誰にもまして、「教育という制度」に組み込まれてそこで生きることを免れないという点では、彼らとわたしたちは同じ現実を生きざるをえないからだ。彼らこそはわれわれの鏡であり、わたしたちがまた彼らの鏡なのである。

「チャン語」はわたしたち教壇に立つ者の、言葉に対する「信」と「愛情」の喪失によって育まれている。それを「育みながら」、それを禁圧するなどということが極めて偽善的で犯罪的な行為であることは明白である。この国の歴史と社会と大学が生みだした「鬼っ子」たる「チャン語」なる言葉は、その「親」である「わたし」を、「大学」を、「社会」を、「歴史」を、そしてそれら総体が連関しあった姿を照らし出している。単純明解に見えて、その実、いったん掴もうとするとその姿をぼやかしてしまうそうしたコトバたち、それを考え尽くすことなくして、学問も教育もありえない。

これだけ言葉を費やしても未だに薮の中の「チャン語」なのだが、少なくとも「何故わたしはフランス語を教えているのだろう」という疑問を更新し深めることをわたしに促している。有難いことだ。

第五章 非常勤解雇事件の「傍観者」として

洩れ聞く所では、ある時点で大学執行部のやり方に対して、責任を追求する議論が教授会でなされたという。だから、もっぱら手をこまねいて座視していたわけではないようなのだが……

どんな事件でも当事者がいれば傍観者がいる。前者にとってはいかに辛いことでも、傍から見れば、この世によくあることと達観しておれる。立場が少し違うだけで、見る眼が異なるし、同じ言葉をしゃべっているつもりでも実は全く通じていなかったりもする。立場とは恐ろしいものである。

但しこの立場、必ずしも客観と主観が重なりはしない。本来は当事者のはずなのに、心理的な防御が働くのか、自らをそうとは認めないで傍観する側に身をすり寄せたりもする。錯誤と言うべきであろうが、当座のしのぎとしては有効であることが多いからだ。したがって、時には当事者がひとりもいないままに事件は起こり、展開したりする。事が決して後に、遅ればせに当事者意識を覚えてじたばた、愚痴をばらまいたりもするが、もちろん手遅れなのだから、致し方ない。それに、往生際の悪い人間は馬鹿扱いされかねないのだから、あきらめが大人の知恵と自らに言い聞かせて、改めて達観を決め込む。こうして君子があちこちに生まれる。出来事は人間が関わることなしに、しかしその達観した人間たちに大きな爪痕を残してあたかも自動運動のように展開していく。傷の痛さを感じず、またそれを見て胸苦しさを覚えない鈍感さもまた人間のおおいなる知恵であるようだ。

さて、本学の非常勤講師解雇「騒動」の話をするつもりだった。わたしはそれに曖昧な関わりを持った。当事者でもなく、かといって全くの傍観者でもない立場で。こういう「やつ」が一番厭らしくなるのは世の常である。当事者の気持ちを代弁しているつもりで正義面をしてしまっているとしたら、当事者にとって迷惑な話であろう。ましてや、「お角ちがい」の責任を追求されて忿懣やるかたない思いをしている人たちから見れば、憎らしいばかりか滑稽でもあるに違いない。

とは思いつつも、わたしはここで自分なりの総括をしておきたい。様々な立場があるという前提をふまえながらも、それを乗り越えて視線を交叉させ、言葉を通じさせるようすがになれば、と自らを督励して。

1　わたしの立場

わたしが今回の事件に関わったのは特別な主張なり意志があってのことではない。立場上そうなった、というのが正直なところである。そのあたりのことを先ず明らかにしておきたい。

わたしは非常勤講師として生計を営んでいる。いわゆる純粋非常勤である。この生業、なかなか辛いところがあるのは今更言っても始まらないし、そういう状態はわたし一個の選択と無能の結果であり、事々しく人に吹聴する筋合いの話でもない。もちろん常々愚痴はこぼすが、それはまさに愚痴にほかならない。

ところで、この純粋非常勤、昨今の「大学改革」の嵐のなかでますます困難な状態に追いやられつつある。特にわたしのようにいわゆる第二外国語科目担当の場合には、職を奪われる可能性がはっきりと日程に上りつつある。わたしはそういう失職の危機に曝されながら生きている。しかし社会の変動に伴い失業者が出ることまでを誰かの責任にしてどうこう言うつもりはない。わたしに許された生命はそう永くはないのだから、納得できる限度のようなものを設定して、精神の安定を計りながら生きていこうと思っている。食う困難はそれなりに引き受けていかねばなるまい。

だから、例えば学生の減少に伴う「あぶれ」などは、わたしとしては渋々ながらも納得して引き下がるしかない。もちろん言いたいことは山とあるが、経営上の問題に首を突っ込むつもりなどないし、社会の変動の余波はそれが現実というものなのだと自らに言い聞かせて身と心を建てなおすしかない。これが弱々しくともわたしの心理的処世術なのである。

つまらぬ独り言になってしまったが、要するにわたしは失業の危機を眼前にした非常勤講師という立場があるからこそ、今回の事件に関わりを持ったということが言いたかったのである。今回の非常勤解雇事件はわたしにとって他人ごとではなかった。だが結末がどうかということは必ずしも最重要な事柄ではなかった。渋々であれなんとか納得がいくように合理的に処理されるのかどうか、つまり過程が第一の関心事であった。但しこの「合理性」というやつ、立場や力関係によって多いに捉え方に開きができる。だから、「わたしの合理性」というものの内実を明らかにしないと一歩も進めなくなるのだが、このあたり、あまり杓子定規も厄介なので、おいおい分かって頂けるはずと読者諸氏にひとまず下駄を預けることにする。

ところで、今回の出来事に人並み以上の関心を持った理由はもうひとつある。「外国人」という点に関わっている。実際には「外国人」だけが解雇の対象であるわけでないことを後にわたしは知ることになるのだが、初めて噂を耳にした際には、外国人講師の一斉解雇のように受け取り、それ故に並々ならぬ興味を持ったのである。わたしも外国人である。在日朝鮮人という日本人からすればどうも「三流外国人」とされていそうなわたしからすれば、これは「ひどい」とか「まずい」という感じ方があったのである。

以上ふたつのことが絡んでいなければわたしは座視したかもしれない。たとえ解雇の対象者に個人的な誼があったとしても、他人に任せておくしかないと思ったかもしれないのである。だがそうではなかった。他人ごとではなかったのである。

というのが、まあわたしの当事者「的」な意識である。だがやはりわたしは当事者ではない。事がどう転ぼうと、わたしには「直接的」に被害が及ぶことはないのだから、あくまで傍観者であるという事実は動かしがたい。従って、わたしはあくまで、「意に反して」当事者の代弁者として発言している。この種の「代弁者」の危険については既に触れたが、意に反してその種の危険をあえて冒そうとしている。現にこの場では当事者が発言していないわけで、わたしは当事者に寄り添っていたという資格で彼らの心中を推し量って事の経緯を述べる羽目になっている。彼ら彼女らが直接に口を開きその真意が伝わるのがもっともよいのだから、こういう形になったのはあくまで次善の策である。

それに、あまり説得力はないであろうが、中途半端という立場からしか見えないこともあるかもしれない。

2　内輪と外部

さて事件は結末が見通せる段階に入った。もう少し頑張れば解雇対象者の継続雇用の可能性もありそうなのだ。めでたしめでたしと喜べる日がくるかもしれない。その間の彼らの心労を斟酌すればとても手放しで喜ぶというわけにはいくまいが、ともかく、頑張った甲斐があった、と言えそうである。頑張ったのはあくまで彼ら彼女らなのだから、彼らがそういう気持ちであれば救われるのだが。

しかしそういう半ばの勝利ではあっても、それが何によってもたらされたのかを考えれば、少々心寒いことになる。不当なことを不当だと憤り、孤立感に苛まれながらもあくまで筋を通した当事者の権利意識なり心意気なりが第一の原動力であることは論をまたないのだが、それだけではたかだかこの程度の成果さえも得られなかった。いまひとつの、しかも決定的な原動力は学外の組合の介入だった。このことの意味を考えてみないわけにはいかない。

こういう事態の展開を苦々しく感じている人は少なくなかろう。内輪の問題に外部の力を引き込んで解決をはかった、これがおそらくこの大学の内側に位置する広範囲の人々が共有する感じ方なのではなかろうか。もちろん、その内実を十把一からげにするわけにはいくまい。内輪の恥を曝したことに憤りを覚え、ことの「政治性」に嫌悪を抱いている人もいるかもしれない。あるいはまた、内部で解決する力なり制度がなかったという無力感を苦々しく抱えこんでいる人もいるだろう。

ところで、この身内という言葉や意識、これがこの社会では相当に厄介で手ごわい。人を駆り立てる動力ともなれば人を呪縛したりもする。身内の内部では言葉も理屈もいらない。他方、外部は外部というそれだけでの理由で敵となる。先に内外の裁断があるから、現実がどうであるかは問題とはならない。先入観があるから、現実を見ようとしても見えない。見えないから立場に呪縛された感情や固定観念に閉じこもって再び現実を裁断する。こうして身内と外部の区分はたえず強化され、感情的な言葉だけがとびかうことになる。事実を見るためには、そういう固定観念に閉じこもってしまいがちな己れというものを意識し、抵抗してみなければなるまい。

例えば今回の事件に関して言うならば、一事業体の枠を外して事実を眺めてみる努力が必要であろう。すると、「大学という制度」の危機という問題が視界をよぎる。あるいは、大学における労働者の位置という視線が磁力を帯びる。そしてそういう視角から見れば身内の捉え方が少しばかり変わるだろう。危機に瀕した労働者に労働者という「身内」が救いの手を差し伸べたのだと。あるいはまた、正規雇用の労働者と臨時雇用の労働者のシヴィアな関係が露呈するというおそらく今後の日本に頻出するであろう労働問題の実例がまさに起こったのだと。

がともかく、ひとつの大学の問題をその大学内部の制度なり人間の力で解決できなかったという事実を忘れるわけにはいくまい。その事実を内省に繰り込むことができれば、この事件も無駄ではなかったと言えるかもしれない。

3　大学の自治

さてやっと本題にたどりついた。事は雇用の問題であるから、その基本から話を始めるべきであろう。大学の人事権は一体どこにあるのかという問題。教員の雇用といっても専任教員と非常勤教員の雇用とでは重みもその審査の慎重度もおおいに異なるのではあろうが、ことを単純化して同じテーブルに乗せてみる。

大学の教員人事はどのような仕組みになっているのだろうか。教室会議や学科会議での審査、合意が第一段階。教授会での承認、これが第二。ついで、大学評議会ないしは理事会の承認・任命で終了というのが普通なのだろう。国公立大学ではそのうえで、関係行政、つまり市なら市、府なら府、国なら国つまり文部省の承認というのがその後に待ち構えているのだろうが、私立の大学の場合、おそらく理事会あたりで全て完了、そして国・公立でも、慣例としては大学評議会あたりの決定をそのまま行政当局が承認ということになっているのではないのだろうか。

もちろん希にはそういう慣例が破られることがある。慣例の裏に身を潜めて自己主張することを控えていた法規定が前面に姿を現して、慣例を覆す。例えば、大学の決定に対して公務員の任命権を盾にして文部省が異議を唱えたり、私立大学の場合には理事会が教学と経営の分離という原則を破って任命をしぶるという例があったりする。そうした場合に、文部省なり理事会の異議内容がいかなるものであったにせよ、大学教授会の権利と責任に対する侵犯を教授会がすんなりと受け入れはしまい。もちろん、最終的には力の問題である。上の決定を呑み込むしか手立てがなくて不承不承ということになるだろう。しかし、一定の対立が生じて破れたという事実を大学の関係者は自己認識に取り込まずにはいないだろう。「大学自治」の擬制性が、大学の構成員の広い範囲の共通の認識になり、その後の議論や行動の基盤にもなるのではないだろうか。

さて今回の事件、その過程ではそういうことはおこらなかった。

経緯を辿ってみよう。来るべき「大学の冬の時代」を前にしての生き残り戦略が事の発端である。大学が学生を呼び込むための改組をもくろみ、そのためには文部省の認可をえなくてはならない。認可を得るためには様々な審査があり、そのうちの一つに教員が担当科目にふさわしいかどうかという項目もあった。そして不適とされた非常勤講師がいた。こうしてその講師は解雇を通告された。

あたかも「自然な」過程のように事は展開した。自然とは人為が介在しないということである。当然責任が生じるはずもない。学長を中心としたお偉方の皆さんはそういう見方に立ち、当然のごとく責任を回避しておられる。そしておそらくは、大学の構成員の多くも多少の色合の違いはあっても同様の見方に立っておられるようである。でなければ、長々と事態が放置され、あげくのはてに学外の力の介入という事態を招いてじたばたということにはならなかったはずである。他方、解雇の対象者はそれを自然とは考えなかった。わたしもそうである。各々の段階で人為が介入しており、その人為というのは、数々の選択肢の中から、こういう一連の経過を選んだのであって、だからこそその選択の結果の責任を負うべきだと考え、そう主張したのである。

各段階で「自然」などとは到底言いがたい選択が働いている様を列挙してみる。

一、大学が生き残るために改組や新学部の創設が必要不可欠だとする「絶対的な」根拠などない。「余所でもやっている、何かしないと」といった不安と焦り、或いは、これを契機に、時代に棹差す学問研究の場を創造しようといった積極的な意志が主要な動機なのだろうが。

二、学部改組にあたって、文部省が非常勤講師の資格にまで口出しをするということが、どれだけ法的な根拠のあることか定かではない。たとえそのような「規定」があったとしても、過去に二〇年にも亘って教鞭をとっている教員を不適だとするような判断を正当化するほどの根拠などありえない。裁判で文部省と争うことも十分に可能であるはずだ。

三、文部省の容喙に対して「大学の自治」なり、私企業の独立性を盾にして何らかの抵抗をすることが不可能というわけではない。

四、文部省の指示に従うとしても、その指示をかいくぐり、非常勤講師の授業を保証することは十分に可能だった。例えば、学部改組の枠外に教員を配置するということも可能である。現に、他の大学ではむしろそのほうが普通である。

五、文部省の資格審査でクレームがついたとしても、それが直ちに非常勤講師の解雇には結びつかない。文部省は「解雇しなさい」という勧告なり命令を発したわけではないのである。企業体には雇用責任というものがある。文部省の指示に全面的に従いつつ、一方で雇用責任を全うする道はいくらでもあったし、それは決して難しい事柄ではなかった。

わたしは各段階の選択の正誤を問題にしようとしているわけではない。数ある選択肢から「何者か」が選択をなしたこと、したがって、その選択には責任が伴うということを確認したいだけなのである。

ところで、「大学の自治」の話。そんな古証文を持ち出すのは馬鹿げているという向きもあるかもしれない。そういう擬制が崩れた廃墟にこそ現在の大学がある、といった認識は相当に広い範囲に浸透しているのかもしれない。

だが、もしそうした認識が共有され、大学に職を得ている立場というものが真剣に考えられているならば、おそらく今回のような事件は今回のような展開をしなかった。わたしの見るところでは、「大学の自治」なる古証文は形を変えて生き延びている。自治あるからこそ責任も生じるのであろうが、責任を伴わない権利だけが生き延びた感がある。

既得権としての専任教員の権利は神聖不可侵と考えることが大学の自治に対する嘲笑と共存しているようなのだ。「大学の自治」は教員の既得権の自明性に内容を変え、痩せ衰えて存続している。棄てたと公言しながらも実はそういう古証文を後生大事に抱えているように見える専任教員の立場からすれば、文部省が口を出そうが、専任教員の雇用その他に大きな危険がないかぎり、それを受け入れるのが当然という気分になるのも当然である。

もちろん、所轄官庁の仰せを受け入れるのは当然という立場があって悪かろうはずはない。差当りわたしはそういう考え方に異議を唱えることは差し控える。しかし、大学の自主性が著しく侵犯されているという事実は重要で、それを受容するか否かはさて措くとしても、その事実だけははっきりと確認しておかねばなるまい、と思う。そのうえで、そういう侵犯をどこまで許容するつもりなのかをはっきりしておいた方が今後のためにもよいのでは、といらぬお節介をやきたくなるのである。

さて先にも述べたように、文部省の意向を受け入れるにしても、今回解雇対象となった人々を救う道がいくらでもあった。それを仕方のないものとして受け入れることには必ずしもならないのである。ただし、その気がありさえすれば、の話なのだが。

こうなるとその気があるかないかだけの話で、文部省とは関係が切れる。したがって、問題を学内に限定できる。今回の事件の責任を文部省に転嫁するのは事実認識として誤りなのである。ほんの僅かの責任感とちょっとした工夫なり配慮で事は丸くおさまったのである。ところがそうはならなかった。だから大学側に怠慢と無責任の非難を向けることができると言いたいところだが、大学はしぶとい。文部省という口実が通用しないなら、というわけでもなかろうが、もうひとつの解雇理由を挙げている。

本学では「教師」は必要なく「研究者」を求めている云々である。さらには、洩れ聞く所では、「免許」を持っていない「教師」に無免許運転させているようなものだから、それでは学生がかわいそうだ、といった議論もあったらしい。

そういう言葉を口になされる方々は、自らの地位は安泰と高を括り、自分の足元に自ら火をつけたことをご存じないのだろうが、そうした立論をまともに受けとめれば、大学教員の資格の詮議という危険地帯に足を踏み入れることになってしまう。だからわたしはここで、意識的に二の足を踏む。それは大学に職を得ている者にとって原理的な問題であって、ぜひともじっくり考えてみたいと思うが、ここではそれを回避したいのである。「原理」に名を借りて、腹の虫に引きずられる危険があるからだ。だから、そういう「売り言葉」を「買う」覚悟を宿題としつつも、議論を限定しておきたい。非常勤講師の資格とは何か、という問題に。

4　大学教員の資格

大学が学問研究と教育の二本柱で成り立っているというのが常識のようであるから、その常識に照らして考えてみる。専任教員はまさしくそのような資格で採用されている。だからこそ給与とは別に研究費や研究室という空間を与えられている。名と実質が「名目的」には対応している。

一方、非常勤はどうかと言えば、研究費や研究室どころか、紀要への投稿の権利さえも与えられていない。だからあくまで教育だけを担当するものとして雇用されている、こう結論づければ短絡が過ぎるかもしれない。だが、それが論理的帰結というものだし、そのほうがよほど現実的である、というのが大学の関係者の一致した見方であるはずだ。

もっともこの世は建前と実際は合致しないのが普通なのであって、この場合も通例にたがわない。大学の教師は研究の成果を学生たちに伝授するとされているのだが、そういう建前がいかほどに現実とかけはなれているかは大学で教鞭を取ったことのある人なら誰だって知っている。だからこそ、研究にいそしむ学者先生などは、授業を持つことに不平たらたらである。学生の面倒は「教師」に委ねて自分のような者は研究に専念することが大学や社会のためだ、と言外ばかりか実際におっしゃる御仁もおられる。ほんの僅かの時間教えるだけでたんまりと給料を貰いながら、それでも不平不満をこぼすのは贅沢が過ぎると言いたくなるが、その気持ちも分からぬではない。研究と講義のレベルの乖離は甚だしいし、どちらにも誠心誠意取り組むにはよほどの才能とエネルギーが要請される。わたしなどが若い頃に恩師たちから拝聴した戒めはなんと「教師になってはいけないよ」なのであった。教師つまりは「落ちこぼれ」研究者、というのが学者世界の常識なのである。

だから大学内では、研究者と教師の棲み分けがなされているようである。研究者ばかりでは大学は成り立たない。かといって、教師ばかりでは大学の学問水準が問われかねないし、だいいち売り物に事欠くことになって「商売」に害をもたらす。売り物というのはもちろん教育のはずなのだが、大学というところは奇妙なところで、教育は必ずしも売り物にならない。有名で権威ある「学者」の存在が「お客」を呼び込むための看板とされており、その権威ある先生の授業が退屈きわまりないものであっても広告塔としては十分に用が足りる。もっとも最近は教育という名の学生管理が学生の保護者向けの売り物として競われ、「充実した教育」も十分に看板になりつつあるのだが。

ともかくそんなわけで、看板で呼び込んだ学生のアフターケアをするのが、「教師」のお役目となる。この教師、それほど大したものが必須条件にはならない。ある程度の知識とそれ相応の訓練を経たものなら誰だって講義を担当しうるのである。近ごろ流行の、タレントや実業界の人物を講師として雇うといった事例が流行となっているのは、もはや大学教師は研究職だという建前が崩れたことのひとつの現われである。ただし、教える熱意とそれなりの感受性がなければ話にもなりはしないのだが、希な例を除いて、学者先生方に最も欠けているのがこの教育の熱意であり、それ以上に、「ぼんくら学生」への共感である。

その教師の役割を否応なく引き受けているのが専任の「教師」であり非常勤講師である。ところで、非常勤は無責任という常識がある。僅かな給与に対応して教育が杜撰になるのが必然といった見方はなるほどと思わせる。現に、他に専任の職を持つ先生方は小遣い稼ぎや定年後の再就職先の確保といった目的で出講されていることもあって、いきおい適当なところでお茶を濁すことも往々にしてあるようだ。また純粋非常勤という身分はなにしろ薄給で生活するには「数」をこなさなければならず、これまた手抜きになるのも道理というものである。しかし、その一方で、安定した地位や身分を持たず、下手をすると何を口実にして首を通告されるやらと不安につきまとわれる非常勤は、もっぱら授業で勝負を強いられる。いきおい授業に精力を傾けたり学生に媚びたりして人気を博する、というのも一面の真理なのである。

要するに、大学教師は研究者という常識に反して、少なくとも非常勤講師はもっぱら教育を担当するものとして雇用されているというのが現実である。

ところがそういう非常勤でも業績や研究歴が問題にされるというのが慣例である。

もっぱら教育だけを担当する教員に印刷論文の質なり数を問題にするのは理屈に合わない気がするが、教育を担当する能力の有無を判断する材料が別にあるわけではないのだから、論文の質や数でその判断材料の代替をしているのが実情なのである。考えてみればこれはきわめて変則的な事態と言わねばならない。いかに立派な論文を書いていようと、教育には不向きな人物も数多くいるかもしれない。だからこそ、そういう危険を考慮にいれて、人物評価も加味しているようだ。もっとも簡単なのは、人づてにリクルートするやり方である。仲介者の保証、普通はお偉い先生の口利きなどを担保にして、教育担当能力と人柄を判断している。そういうやり方が慣習としてある程度は機能してきているようである。

さて今回の解雇対象者は殆どが非日本人、もう少し限定的に言えば、ネイティブの外国語担当教員であり、彼らの場合は事情が異なっている。彼らはなによりもネイティブということを最大の要件として「語学教師」に採用されている。ネイティヴならば誰でも「言葉」を教えることができるというのは俗耳に入りやすい大嘘で、それなりの教育経験がなければ教室運営ができるはずはない。そうなのだが、そのあたりのことを杓子定規に問題にしだすと日本の大学のネイティヴ教師の多くが資格なしとなりかねない。だからせめてもの保証として大学の課程を修了していることを要件としているようである。そういう事情はこの大学でも変わらないはずだ。そういう通例に基づいてネイティヴ教員は非常勤講師として採用され、これまで支障なく授業をこなしてきているのである。採用したのは誰かといえば、もちろん本学の英語科であり教授会であり、理事会なのである。彼らを研究者として雇用したわけでもそのつもりもなかったはずである。もちろんそういう教員として十分な研究歴や学問的業績があればよいのだろうが、それがはたしてどのような実際的な意味を持つのかは必ずしも定かではない。

つまるところ、非常勤講師として勤務する限りにおいては彼らに解雇を迫る理由はない、論理的にも実際的にもそうだということは動かないのである。

しかし、新たな事情が生じたということらしい。学校の方針が従来とは変わった、非常勤にも研究を要求するようになったというのはなかなかに立派な理由になりそうである。学部改組を契機に学問研究の成果をあげて、大学という名にふさわしくするのだ、と意気軒昂な姿は傍から見ても快いし「ほほえましい」。是非とも頑張ってもらいたいと思う。

しかしこの方針の変更、それに非常勤は一切関与していない。それを決定したのは、おそらく大学理事会ならびに専任教員たちなのである。したがって、彼らはその変更によって不利益を被る当事者には十分な説明をしたうえで、責任を負わねばなるまい。「うちの方針が変わった。だからあんたはいりません」は通らないのである。もし無免許の教員に授業を任せていたというならば、その無免許運転を積極的に活用してきた責任が問われる。「被害」を被ってきたはずのおびただしい学生たちへの責任ということが当然視野に入ってこなければなるまい。そもそも、その免許なるものを誰が発行するのかの判断をつまびらかにすべきであろう。安定した地位に胡坐をかきながら、脳天気なばかりか無知と品性の下劣を証明するだけの放言は慎まねばなるまい。身内の気安さではすまない事柄もたくさんあるのである。

以上で今回の解雇理由に対するわたしなりの異議はほぼ出し尽くしたのだが、もう少し立ち入って、考えるところを記しておきたい。教員と個人、あるいは教員と労働者という問題である。

5　制度と個人

わたしはこれまで、今回の事件に関して「心ある」専任教員が皆無だとする議論をすすめてきたようである。実際には、心を痛めて、誠心誠意尽力してきた方々もおられるかもしれないのだから、一面的だという批判が予想される。しかし、わたしにはそれが見えなかったから、それに言及しなかっただけで、見えないものは存在しない、などと決め付けるつもりはない。もし存在するものが見えなかったのであれば、そこにこそ大きな問題があるはずだ。わたしの眼が節穴か、あるいは、その存在を闇に埋没させる制度の障壁があるとか。もちろんわたしとしては後者だと考えたい。

洩れ聞く所では、ある時点で大学執行部のやり方に対して、責任を追求する議論が教授会でなされたという。だから、もっぱら手をこまねいて座視していたわけではないようなのだが、その議論がはたしてどのような論理構成になっているのか、はたまた、それが事態に対してどのような力を及ぼしたのかがわたしにはさっぱり分からないのである。

制度の中に組み込まれてしまえば個人の論理なり倫理など何ほどのこともないというのは、わたしたちが年を重ねるにつれて否応なく思い知らされることがらである。今回の事件で、制度の中で情理を尽くそうとして奮闘なさった人々の力が及ばなったのか、あるいはひょっとして、そういう陰の努力が作用して学長が妥協案を提出するようになったのかもしれない。しかしこの想像は相当に余裕があり善意にあふれた心の持ち主だけに許されているもので、わたしのように単純で狭量な精神にはとうてい無理な相談である。わたしの見聞がそういう想像を押し止めるのである。

例えば、こういうことがあった。組合と大学執行部との交渉の席には、学部教授会を代表しているはずの学部長たちが出席している。このようにして「民主的制度」が保証されている。ところが、その学部長、その地位が要求するはずの学部の教員の声を代弁する態度表明どころか、個人としての発言も皆無。ただひたすら沈黙を決め込み、学長の頑なな「意地」を補完する役割に徹したのである。

今になってみれば、そういう表層の裏面に想像を働かせることもできる。学部長は表向きとは別に、学長に「適切な」助言をしたり圧力をかけたのだが、その力が及ばなかったのかもしれない。或いは、教授会の総意を裏切って保身を心がけたのかもしれない。そうなると、彼ら個人の責任が問われるべきとなるであろう。まだまだ他の可能性も推察することは可能だ。

しかし当時は、そんなことは想像もつかなかった。彼らはまさしく大学全体の声を体現しているのだ、としか考えられなかった。解雇の対象者には、一枚岩の権力が襲いかかってくるように映ったのである。そしてそれは無理からぬことだった。襲いかかってくる「暴力」の裏に多様な声がうごめいているということが見えたり感じとれれば、彼らはどれほど勇気づけられたであろう。

だからわたしは、制度の中に組みこまれながらもその中の多様な個人の姿が、あるいはその声が見えるような工夫がありえなかったのか、と思いをめぐらせるのである。

わたしたちは生きているかぎり何らかの形で制度にとりこまれている。そして自らの意見もまた制度を通してのみ公にすることがフェアだとする「常識」があるようだ。あの選挙なるものはまさしくそういうものとしてある。しかし、ピラミッド型に構成された代表制民主制度では漏れ落ちる意見なり主張があり、それに声を与え生かすための工夫を実践してきた歴史がある。「民主制度」という名の専制の中で窒息しそうになりながらも、この社会が人の生きうる社会であるのは、そういう工夫と実践の賜である。

もし今回の事態に対して批判的な意志を持った専任教員がいたとするならば、その意志を教授会や組合といった制度的な経路を経ることなく明らかにすることが考えられてしかるべきであった。逆に言えば、解雇対象となった教員の側からもそうした声を誘発する呼びかけがなされるべきであった。組織や制度の束縛と対抗する「生きた声の交わり」の契機をつかむべきであった、と遅ればせに思う。しかしそうできなかったのにも理由がないわけではない。一つには、永らく放置されすぎてしまって、大学の中に民主的な声の存在を可能性としてだけでも想定できなかったという事情がある。考えてみてもらいたい。例の英文科代表の解雇通知が届いて以降、長々と放置されたのである。しかも、それまでは友好的な態度を示していた教員たちがまるで申し合わせたように距離を置きだした。まるで近寄れば伝染病がうつるというような雰囲気だった。こういう態度を眼のあたりにして、学内が一丸となって解雇を合理的なものと見做しているのだと思いこんでしまうのも無理からぬことではないだろうか。しかも、学外の組合の力を借りて異議申し立てをしても、学内からの反応は、組合を除いては殆ど現われなかった。ただひとつ、文学部教授会で激しい議論があったらしいことが耳に入ってきはしたが、その内容が皆目分からなかった。様々な段階における「限定的で主体的な」責任の取り方が責任ある議論としてわたしたちに届くことはなかったのである。こういう経過を見聞きしたうえで、一体だれが専任教員の中に真実味のある知性や心情を想定できたであろうか。

わたしたちは何度思ったことであろうか。学校内部でなんらかの意志決定にたずさわる人々、つまりは専任教員たちが、少しでも親身になって事に取り組んでくれるならばこのような事態にはならずにすんだであろう、と。そしておそらく、孤立感に苦しみ、そのあげくに教員不信をつのらせる、といった心理的陥穽を避けられたであろうに。

もちろん、言い訳もなくはなかろう。組合が教員全体の意見を代表してくれているのだ、と。しかし、この組合、わたしが外からいらぬお節介をすることもないのだが、そこに専任教員が積極的に関わって、「弱い者」の権利を護るような姿勢を示しているようには映らなかったのである。

6　大学教員と労働者

たとえ「身分」的に違いがあろうとも、同じ大学で学生を教えるという意味でなら非常勤も同僚であるはずだ。その非常勤が意志に反して解雇されるという事態に対して、何故専任の教員たちは解雇対象者の期待に応える関心なり「同志的感情」を持たなかったのであろう。同じ労働者としての「友愛」を。

だがはたして、大学教員は労働者なのだろうか。もし彼らにそのような自己認識があるとすれば、今回のような事態に対して彼ら自身の問題として立ち上がったであろう、というのはもちろん形式論理であって、生きた人間の行動や精神を掬いあげた言葉ではない。正規雇用の労働者と臨時雇用のそれとでは立場が異なり、実際上、共闘するということが起こりにくいのが現実のようだ。「非合法」の外国人や女性や臨時雇用の労働者がクッションの役割を果たしていることが日本経済のしたたかさの大きな柱になっているのは周知の事実である。だからその例にもれず、専任教員は非常勤の切り捨てによって「大学」を、ひいては自らの身を護ることができるという側面がある。だからこそ、雇用者側に立ってものを言ったり、我関せずを決め込むとしても不思議はない。

それればかりか、教員には労働者であるという自覚は薄いようだ。なるほど、専任教員は一般企業における労働者ではなさそうだ。教授会を通して評議会へといった制度によって、一種の企業参加をしている。しかも、彼らは一種の知的職人であり、容易に所属大学を変える可能性を保持している。よりステイタスの高い所へと彼らの眼は「上」を向いている。現在の勤務先の大学への帰属意識は希薄になるはずである。

こうした現実は当然彼らの意識を相当に規定している。自由業とまではいわなくとも、中間管理職のような自己認識が一般的なのかもしれない。ただし、管理職が企業への帰属意識が強いという側面から見れば、必ずしも同一視するわけにはいかなくて、適当なモデルを見付けだすことが難しい。

ただ、自己認識の幅なりゆとりなり曖昧さといったものは想像することができる。相当に自由なのである。そしておそらくはその自由の恩恵を十分に堪能しているようだ。ある時は労働者、ある時は管理職、ある時は自由人といったように。自らのアイデンティティーをとっかえひっかえしながら巧みに自由を謳歌している。その自由を満喫することに関して僻み嫉みを禁じえないわたしなのだが、だからといって文句をつける権利などわたしにあるわけがない。だがその自由に胡坐をかき、自由と権限に伴う責任を全うしないならば当然批判されてしかるべきであろう。

彼らの自己規定がいかなるものにせよ、例えば今回のような事件に関しては、彼らは権限を行使できたし、当然そうすべきであった。大学の将来像の作成に関して彼らが我関知せずを決め込んだはずがない。彼らの合意は教授会を経て、大学評議会、さらには理事会へと通じている。その将来像に基づいて今回のような事態が招来されたという事実に対して、彼らが責任を免れることはありえない。しかも今回解雇の対象となった人々を雇用するにあたって、彼らが教授会という決定機関においてその決定に関与している。そんなものはただの形式にすぎないという理屈はあるかもしれないが、この「民主社会」というものにおいては形式こそが大きな意味を持っていることを考えれば、そういう言い抜けは許されない、とわたしは思う。だから、責任をどのようにして引き受けるのかが問われた。そしてどのように応えたのか、そしてこれからどのように応えるのか……。

他方で彼らは大学の理事者に対して、労働組合の一員である。少しでもその気になれば情報は逐一得られたし、労働組合が非常勤講師の側に立って解決を図ったのだから、彼らはその組合の一員としても自らの意志を実現させるべく行動することができる立場にあった。にもかかわらず……。

くどいようだが、もう一度、事件の経過のおさらいをしてみる。文部省の、それも外廓団体のクレームを鵜呑みにして、あたかも当然のことのように解雇が承認された。説明を求める当事者に、文部省のお達しと「研究者云々」を盾にして開き直ったのは大学執行部だけではなく組合員でもある教員たちであった。外部の組合による異議申し立てがあっても、殆ど反応が生じなかった。事態が紛糾して初めて、執行部批判が生じたようだが、そこにいかほどの自己批判が含まれているのか、あるいはどのように責任を負う覚悟なり解決の方途を模索しているのかは、少なくとも「外部」には見えなかった。

二重の意味で事態は深刻だとわたしは思う。「お上」に正当な抵抗をしないばかりかむしろ加担して恥じない教員集団によって大学が成り立っているように見えてしまうこと。労働者の権利に無感覚な労働者集団が労働組合を構成しているように見えてしまうこと。

想像したくないことだけれど、自己の賃金と地位と「科学」だけにしか考えが及ばない知識人たちが学生たちに「真理」を教えているとしたら……高度経済成長、バブルは実業の世界のことだけではないのかもしれない。しかも「こちら」の世界では未だにバブルがはじけたという認識が浸透した様子はない。ぬるま湯体質からの脱却などという標語で変革を云々しながらも、幸せな「囲い」としての大学はまだまだ生き延びそうな気配なのである。内部の人々にとっての幸せが外部の人にとって脅威となるのは、どこの世界でも変わらないようだ。淋しいし辛いことである。

第六章　大学「内」の「内」と「外」

内輪と外部の境界の細分化は、その反面、境界の曖昧さをもたらしている。最も内輪であるはずの者であっても、競争やある者の恣意やほんの偶然によっては、その内輪からいとも容易く排除される可能性を免れない。

大学の実態は外からは見えにくい。そこで、永年の非常勤講師稼業の辛かったり悲しかったりした経験を生かして、僻目に映る大学の内幕を幾つか書いてみた。もちろん、分かったつもりでいたからだ。しかし、近頃、その思い上がりに修正を加えねばと思い始めている。きっかけは、当方のステイタスの変化。昨年の二月以来、方々の大学の非常勤講師に加えて、新たに大学の嘱託職員としても仕事を請け負うことになり、二足の草鞋を履いているのである。そうなると、今までに見えていたのが大学の表層に過ぎないことを思い知った。というのも、非常勤講師は学内に机も居所も持てない、いわば外様。他方、いくら嘱託といえども事務職員は、机を与えられ、学内の行政管理部門に組み込まれているから、大学をある程度は内側から見ることになる。それに先生方の研究・教育をサポートする立場だから、学校を、裏から、さらには下から仰ぎ見るということになる。

しかも、わたしの立場はきわめていびつ。もっとも、前例がないということをいびつと言うなら、今の大学はいびつだらけなのだが、ともかく、わたしは嘱託でありながらも名目上は管理職待遇ということになっており、わたしのはんこがないと事務作業が滞りかねない。その一方で、嘱託だからもちろん待遇は正規の職員とは雲泥の差があり、永年勤め上げた生え抜きからは、あくまで「よそ者」、あげくは、数少ない中間管理職ポストを横合いから盗んだ「泥棒」扱い。ストレスがたまるが、その反面、目を皿にして大学を見ることになる。そうしないと足をすくわれる。永年共に仕事をしていると恨み辛みが避けられないらしく、しかも、出世競争もある。だからお互いに反目し合っているように見える。しかし、いざとなれば生え抜きの仲間意識は根強く手強いものがあるのは、新参者にも次第に見えてくる。

というわけで、慣れ親しんできた大学のはずなのに、突如エイリアンに変身した気分。嫌なことでも喜ばしいことでも目新しく、刺激が強い。そこで非常勤講師の古参の目に加えて、大学の職員としての新米の目。但し、そのどちらも不安定で、「身内」と「よそ者」の狭間という意味では共通の要素を持つ位置から、改めて今の大学の一側面を書いてみる。

但し、慌てて仕入れたあちこちの見聞も加味して、一般化するべく努力はしているつもり。しかしその分だけ、現場報告の真実性とはほど遠い懸念がある。それに加えて、国・公立大学の事情はほとんど耳に入ってこないので、あくまで私立大学、それも大手よりも生き残りがおおいに危ぶまれる中小の私立大学に当てはまりそうな話であることを予めお断りしておかねばならない。

1　大学内の生き物の多様化

大学に棲息する生き物には大別して二種類あり、先生と呼ばれる種族とそうでない種族とである。前者はもちろん教員で、その教員も専任と非常勤の二種類があって、その間にはとてつもない障壁がそびえ立っていることは既に何度も書いたので、ここでは繰り返さない。しかし、その二種類がさらに細胞分裂する様子には少々触れておきたい。

一口に専任と言っても、その中には教授、助教授、講師、助手といった位階があるのは周知なのだが、実は教授の中にも特別専任とか何々専任という得体の知れない位階まである。また、非常勤の中にも、客員教授やその他様々な名称の方がおられて、一般の安物非常勤とは別格の扱いを受けている。また外国人の場合には、教授や講師といえども、年限を限られるとか、その他の細かな制限によって、さらに別扱いになっている。こういうわけだから、「先生様」といっても実に多様なのである。待遇が千差万別なのだから、個々人の教員としての自意識ももちろん多種多様であるにちがいなく、相互に羨望、嫉妬、阿諛、競争などのありとあらゆる人間的なドラマが繰り広げられていることは想像に難くない。

一方、「先生」という敬称なしの種族もこれまた、予想以上に細分化されていることをこの度知ることになった。大別すれば、正規の事務職員と非正規、つまりは、非常勤の職員ということになるのだが、これまた、単純ではない。例えば、同じく非正規職員といえども、パート職員、それにわたしのような嘱託職員といった区別があったり。そしてその区別がどこにあるのか、不分明である。ただ推測で言えば、嘱託は大体固定給であるのに対し、パート職員は時間給という違いがあるらしいのだが、それも定かではない。

それに、必ずしも言葉が実態に対応しているわけではない。例えば、パートとはいうものの、正規の職員と大差ない労働時間をこなす場合が多い。それに能力とか「やる気」もまた、正規とパートに上下関係があるとは限らない。

一般的に言って、職階の上下関係は明確で、パート職員は正規職員の下で雑用を担当する。しかしパート職員でも、本来ならば正規職員がなすべきとされている仕事を振り当てられることがある。そして仕事には向き不向きもあるし、持って生まれた能力や資質、さらには生き甲斐というやつがあって、いくら「パート」といっても、仕事に対するプロ意識や能力に関しては正規の職員のそれを凌ぐといったことも起こりがちである。ところがもちろん、給与その他の待遇の格差は甚だしい。給与で二倍から六倍、或いはそれ以上の格差があるようで、正規職員が終身雇用を前提とするのに対し、パート職員は概ね半年もしくは一年ごとに契約を更新しなければならない。もちろん、その度に、解雇の可能性をちらつかせての「注意」などを拝聴することを余儀なくされたり、或いは逆に、正規雇用の可能性を匂わせられて、その気になって張り切ったあげく、後で煮え湯を飲まされた気分に陥ったりして、企業の、さらには人間の酷薄さを今更ながらに思い知ったりと、ストレスのタネには事欠かない。

こういう状況が問題を生じさせないわけがない。正規の職員からすれば、有能なパート職員は便利な反面、脅威でもある。管理職にとって有能な「パート」と比較して正職員の尻をたたくのはお手軽な職員管理術。尻を叩かれた当人からすれば、管理職に抗弁したりするよりも、パートに出しゃばらせないように牽制したり、八つ当たりして、心理的な帳尻合わせをするほうが手軽で、危険が少ない。そして万が一、パートからの思いがけない抵抗があっても、やはり「パートは気楽なもの、階級社会の規律を弁えない」などと、改めて階級的差異を確認して、自尊心を満足させることもできる。

他方、パート職員からすれば、端から覚悟の上とはいえ、何かにつけての区別差別、とりわけ人格に関わりかねない差別待遇には、抑えていたプライドがせりあがる。そしてそれを契機に、満たされない境遇への不満がくすぶる。そこに正職員の居丈高な放言が重なれば、口には出さずとも、ついつい仲間内では「上位者たる正職員」の無能と脳天気をあげつらうようなことにもなる。表面化しようとしまいと、双方の潜在的な欲求不満と軋轢は不可避である。職場を共にしながら、分断の楔が打ち込まれ、互いにそれを強化・増幅しては苦しむといった袋小路に陥りがちなのである。

当然、居心地がよくないはずなのに、大学のパート職員の定着率は決して低くないのでは。近年のパート労働者の激増に伴う労働基準の整備は大学だけに該当するわけではないのだろうが、学校というものは体面を気にするから、大きな違法行為は慎まざるを得ない。それになんと言っても、若者相手の仕事は気持ちも若返って愉しい部分も少なくないといった側面が、居心地の悪さを軽減しているといったところなのだろう。

話がここで終われば、一般の会社と大して変わらない。しかし、大学の特殊性ということで言えば、大学には先験的に二重の階層構造があることを看過するわけにはいくまい。「先生さま」とその他大勢という、掛け値なしの乗り越え不可能な境界である。大学で生計を営む人々の、それなりに恵まれた要素がありながらも、なんとなく「働きにくい」という感じの根源には、この階層構造がある。それは仕事の領分の区分にとどまらない。実際には、身分の上下関係となり、その一種封建的な身分意識に基づく組織形態がさらに次々と身分関係の細分化をもたらしている。

自堕落からミスを繰り返す先生様がいるとする。しかし、不思議なもので、ミスさえも、なにしろ勉強ばかりで世間のことは皆目……といったように、学者としての「本物ぶり」の宣伝に利用できるのだから、大学とはなんとも暢気《のんき》なところなのである。しかし、あまりのミス続き、自堕落続きで、これでは業務に支障が生じかねない。そこで致し方なく、やんわりと注意しようものなら、さあ大変。事務員ごときが何を生意気な、と大逆襲。お一人ならまだしも、こういう御仁は自己の自堕落を、群れることによって正義に変貌させる術を弁えておられる。大学の「民主主義」の砦たる教授会で、生意気かつ無能な職員批判の大合唱に至って、ようやく一件落着とあいなる。ところが一方、教授会に書記として参加しながら、発言権がないからひたすら職員に対する悪口雑言に耐えしのばねばならない職員の胸中は察するに余りある。もちろん、その職員側とて、忍の一字では気持ちがおさまらない。押し殺した憤懣《ふんまん》は彼らの心中深く沈殿し、底意地の悪さや弱いものへの八つ当たりという結果をもたらしたとしても、それもいたし方のないことであろう。

大学は封建的身分制度がいまだに生き延びているところなのであり、教授会制度はその権化であるとでもいえば、右翼反動の誇りを受けかねないが、少なくともその一側面であることは疑いを容れない。その昔、学生反乱によってその閉鎖性、特権意識を、さらには無責任体制を厳しく批判されながら、いまだにそうした側面はしぶとく生き残り、権限を骨抜きにされつつある状況に対する鬱憤晴らしということもあって、悪質化しているのではなかろうか。ただしこれはわたしの全くの推測で、昔の教授会の実態を知らない上に、いまだに教授会なんてものには出たことのないわたしの推測なのだから、いい加減な話である。がともかく、その毒が体内、つまり大学を侵食しているという実感は紛れのないものなのである。

2　大学内の外部の職員

大学は一種の生活共同体なので、仕事の領域は多岐にわたる。衣食住という三大要件はもちろん、レジャーから交通に至るまで。

衣食やレジャーはもちろん大学の購買部。生協と民間業者がしのぎを削ったり、生協がないところでは複数の民間業者が切磋琢磨。昔なら、食堂、書籍部、それに理髪店くらいが相場だったが、今や、デパートと見紛うほどの品揃えの衣服や化粧品、家具、家電、旅行代理店から保険代理店、流行のダブルスクールの斡旋までと、痒いところまで手が届く至れり尽くせりのサービスが提供されている。もちろん、たいていが大学職員の手を離れている。

次いで、住。今や大学には寄宿舎は少なくなっているようだが、それに代わって、外国や遠方から一時訪問の教員その他、それに加えて、遠距離通勤のために、講義の曜日を集中させて仮住まいの教員などのために、あるいはまた、近年飛躍的に増大した海外からの留学生のための宿舎を備えている。

それに何より、学生の住とはキャンパスであり、校舎なのだが、その維持管理という仕事がある。今や大学の施設は昔とは段違いに立派なものが多い。施設の快適さこそ大学の「売り」となっており、貴重な財産の保全にお金を惜しむわけにはいかない。そこで専門家である外部の業者への業務委託が普及している。

例えば、昔なら、黒板は教師が消すものとの暗黙の了解があった。しかし、だらしない教師も多く、次の時間の教員が迷惑を被る。服が汚れると愚痴をこぼしながらも、時には学生の手を借りたりもしていた。ところが今や、「お客さん」である学生を煩わせるわけにはいかないし、贅を尽くした施設の管理はやはり専門家に委ねるのが上策とばかり、授業が終わるのを待ち構えている清掃員が、短い休憩時間の間に全ての教室の黒板を見事に清掃して回る。また、早朝から実にたくさんの老齢の清掃要員が大学のあちこちで汗を流している。この人たちの存在はよほど朝早く学校に行かないと目に入らないので、教員や学生にとっては、透明人間のようなものなのだが、早朝の大学を見学してみると、大学にいかに多様な人々が関わって、その快適さが保障されているのかがよくわかる。

もうひとつ、交通部門がある。大学が都心を離れて郊外に移転するのが潮流になっているし、とりわけ、新設大学の場合は、校地を交通の便が悪いところにしか確保できない場合が多い。そこで、スクールバスなどの便宜が必要となる。この場合、バスの運転手はたいていが外部委託となる。

といったように、いかに多くの部門で「外部」の人たちが大学に生息しているかがわかっていただけただろうか。学生たちの意識の中では、そういう現業部門の職員と背広スーツ姿の事務職員との区別くらいはなんとなくあっても、概ね十把一からげになっているのであろうが、職員たちの意識では、そこに大きな弁別がある。内部の人間と外部の人間という越えがたい区別。要するに、外部の人間は、単に内と外の区別ではなく、身分が下のよそ者、下手をすれば、身分は下で、しかも敵にもなりうる外部で、いびりの対象になったりもする。

例えば、大学に生協などの影響力が及ぶのを嫌悪し、侵入を阻むために、理事会が学内に一般の業者を引き入れたり、理事者自体が業者を作り出す場合もある。すると、その業者は組合や生協運動の当事者やそのシンパからは、理事会の回し者、敵の手先とみなされる。当然、胡散臭く、貶められるべき存在というわけである。他方、その業者の社員からすれば、学生はもちろん、大学の職員は親方会社の社員様である。いろんな便宜を獲得するためにも平身低頭を常とする。そこで、そうした状況につけこんで、「正義の志士」たる職員殿様たちの執拗な苛めの始まりとなる。

因みに、その「よそ者」にも正社員とパートの区分があるのだから、この世の階層構造は果てることがない。

以上は外見や部署で見分けがつくのでまだしも、外見上の区別が難解な「よそ者」もいる。派遣職員である。コンピューター化等、特殊な知識を必要とする業務が増大している。しかし、正職員がそうした技能なり知識を習得するのには時間がかかる。いくら情報リテラシーの養成、向上を声高く叫んでも、中年に達した機械音痴では、努力自体が重荷になる。しかも、そうしたことに時間と精力とを奪われると、他の業務の妨げにもなりかねない。そこで、手っ取り早く、人材派遣業者に委託というわけで、一時的ではあっても背広・スーツ組の中に多種多様な「よそ者」が紛れ込わみ、活躍している。

これだけ列挙しても、いまだ網羅的とはいえない。例えば、最も変わり種と言えば、学生兼職員の場合である。大学や学内の業者が学生をアルバイトとして採用する例が多々ある。学生からすれば、授業の合間に小遣い銭を稼げて便利だし、学校や業者にしても、交通費の支給が不要で経済的な上に、繁忙期の間に合わせには最適というわけで、両者万々歳。こうした学生諸君が仕事の面白みを覚えれば、自分は学生なのか、職員なのか、アイデンティティーを一元化するのは難しくなるに違いない。ことほどさように、今や大学を飯の種にしている人種は多様であり、時と場合に応じて、自分が大学の「内」なのか、「外」なのか、使い分けする者もいたりする。

3 消費者(学生)の多様化

次いでは大学におけるサービスの受益者に目を転じてみる。こちらもおおいに様変わりしている。先ずは大学の入り口である入試から見る。昔はよほどのことがなければ、同じ大学に通う学生は同じ試験に受かったという意味での同質感情を備えていた。学部によって試験内容が異なったり、合格最低点に開きがあって、互いに自分のほうが上だとか下だとかといった「馬鹿げた」意識が多少はあったとしても、それはあくまで同じ条件の試験を受け、それに合格したという平等性を前提にしての差異化であったにすぎない。そうした公平性、言い換えれば、同質性への執着こそはおそらく日本の大学の特徴ではなかったのだろうか。尤も、同質性とは言っても、あくまで、特権的な階層としての同質性であり、その下にはその特権性を支える大量のマスが存在することが前提であったことは言うまでのこともない。

もちろん例外もあった。私立大学によっては、卒業生の子弟に便宜を図るとか、特別な寄付金を条件に点数を上乗せしたり、スポーツ推薦などもあったりしたが、わたしたちの時代のあの学生反乱がそうした不平等に異議を唱えて以来、少なくとも一時はそうした優遇制度は目立たなくなった。しかし、今やそれが完全復活を果たした。それどころか、むしろ差異化が積極的に推進されている。同じ条件で大学に入り、同じ授業料を払うというのが普通ではなくなってしまったのである。

しかも、それが大学改革の一環として高らかに謳いあげられ、生き残り策として重宝がられている。スポーツ推薦は今や推薦どころか、積極的な「人買い」政策、つまりはスカウト制になり、試験免除、学費全額免除、半額免除、さらには住居費支給その他といった格差まで導入されている。それにまた一芸入試という名称で脚光を浴びたように、何であれ得意なことがあれば、それでもって試験を免除され、彼ら彼女らはその一芸を売りにして大学の宣伝に寄与する。

それに加えて、公然の秘密とされている入試点数の水増しもある。大学を明るくして学生を呼び込む方策として、施設のハイグレード化と合わせて、女子学生に対する優遇制度があるという。女子には入試の際に、一律の加点措置を施す。女子が増えれば、「色気づいた」男子学生の人気が増大すると見込まれているわけである。実際、その結果は芳しいというのが大体の評価である。今時(昔もそうだったかもしれないのだが)リーダーシップは女性の専売特許、女性が増えるにつれて、学内に活気が生まれ、男子学生もまた影響を受けて顔つきが明るくなったというわけである。であれば、そういう「いびつではあっても効果的」な試験の内実を公表すればいいようなものなのだが、希な例を除いては、なかなかそうはいかない模様。公平が建前だし、公表すれば女子学生がいらぬコンプレックスを持つかも知れないという教育的配慮の結果なのかもしれない。

因みに、女性優遇が売りになるという事実が大学内の性差別の解消に役立てばいいのだが、必ずしもそうはいきそうにない。まずは、女性が性別によって優遇されるということ自体に潜む問題がある。さらには、その優遇が隠されるということにも問題を深化させる要因がある。要するに、女性優遇は性差別を解消するために活用される政策であるよりも、あくまで「売り」にとどまって、女性蔑視の温床になる危険性もないわけではない。先にも述べたように、大学は封建的意識が制度的に保障されて生き延びてきたところで、そのひとつが男女差別。性差別を実際に解消すべき課題として引き受ける用意のある教職員は必ずしも多くはなさそうなのである。

さて、大学の門のくぐり方の王道は、何といっても筆記試験なのだが、公平を建前とするこの試験のほうもまた、著しく多様化している。指定校推薦というのがある。大学が特定の高校に一定の枠を与えて、面接や書類審査に加えて簡単な小論文を課す。次いでもう少し幅を広げた一般推薦とか自己推薦、公募推薦などと、中身の違いが定かではない多様な形の入試がある。そして仕上げと言うわけで、一般入試がある。それでも工夫が足りないと考えたのか、大学人はアイデアを競っている。入試科目の多様化が次々と打ち出されている。私学の場合、従来は入試科目が、三科目が一般的であったのだが、二科目受験も可能となり、それが学生に評判がいいと察知すると、次には一科目入試まで誕生。しかも、その一科目も小論文で代用できるといった場合もある。建前としては、自分でものを考える学生をとるための方策と言うのだが、それを信じる人は関係者のなかには多くはなさそうである。

ついでに付け加えれば、高校新卒の若者たちとは別個に、社会人入試というのもあれば、学内で一般人向けの公開講座も花盛りで、大学は若者の世界というかつての常識は壊れつつある。

さらに言えば、以上に述べたものとは別の門のくぐり方の便宜も競われている。留学生である。

わたしのような世代の学生時代とはすっかり様変わりした事例を言い出すときりがないのだが、その中でも際立った違いは、大学内部に日本人とは明らかに肌の色も顔つきも言葉も異なる学生が目立つことではなかろうか。異質を排除する日本的特殊性のせいもあってのことか、留学生は往々にして一所に集まり、内輪の言語で話し込む姿が目を惹く。日ごろの言語的な障壁の憂さ晴らしもあってか、あるいはそれが彼らのお国柄なのか、その声は些か高く、傍若無人に聞こえて、顰蹙を買ったりすることもあるようだ。

教員控え室でも、この外国人の存在は目だって多くなった。とりわけ、中国語を教えるネイティブ教員は、中国語の爆発的な人気に応じて急増。それに加えて、発声の仕方や文化的な差異もあって、控え室を席巻してにぎやか。言葉少ないことを美徳とする日本人にすれば、公衆道徳に悖ると非難の目つきも見受けられる。母屋を取られる惧れが作用しているのかもしれない。ただし、そういうことはよほどのことがなければ口外されない。むしろ陰口となって、その毒が将来的に効き目を発揮しそうな気もするが、異質との遭遇は常にこうした正負の結果をもたらすもので、どちらを優勢にするかは、その社会の民度の問題ということになる。異種を集団として見るのではなく、個人として付き合えば、硬直した民族論、文化論の類の罠にはまらないで済みそうなのだが、文化論の好きなこの社会が、とりわけ知識人と呼ばれる人々にそれができるかどうか。

さて、ともあれ留学生の話なのだが、彼ら彼女らもまた、一概には語れない。

国費もおれば、協定大学からの交換留学生もいる。彼らは学費や滞在費を保証されて、十分に学業生活を愉しめる。それに対して私費留学生がいる。彼らは自前で学費、生活費その他をやりくりしなければならないのだが、この自前というのが、至難の技である。アジア諸国と日本との経済格差は大変なもので、授業料、生活費を確保するために、彼らは法律が許す範囲を逸脱してアルバイトに明け暮れざるをえない

こうした境遇の差異は彼らの間に心理的軋轢を生じさせないわけがない。至るところで分断の楔が突き刺さっているのである。

とはいえ、彼らが総体として日本の大学、ひいては日本の社会に及ぼす影響には少なからぬものがあるに違いない。非・日本語が飛び交うこと。拙い日本語が飛び交うこと。立ち居振る舞いに窺われるバイタリティ、そうしたものに直接触れ合うことによって、日本で外国人が大きな顔をしてといった反発も生じるであろう。しかし、それは日本的な閉鎖性に亀裂を生じさせるに違いない。教職員も学生も、日本の教育制度も社会も試されているのである。

そもそもが彼らの増大は、国際化云々といった「建前的」議論の成果ではない。今や私立大学は少子化の荒波を受けて、学生を確保するためなら格好などかまっておれない。膨大な人口を誇る中国は格好の市場。その獲得のためにしのぎを削っている。つまりは日本の大学の自己都合によるものなのである。こうした事情こそは、日本がもっぱら閉鎖的にこの時代を生きぬいていくことができないという状況を端的に示している。つまり、国際化は不可逆に進んでいるのである。

総じて言って、かつてのように同じような高校教育を受け、同じような試験を受け、同じよう

な学力で合格し、おそらく同じようなステイタスの就職先を見つけて、同じような生涯をおくるであろうといった同質感情は急速にこわれつつある。そして同じ大学に他者がいるという経験を今の学生たちはごく日常的に重ねているのである。

4 教職員の分断と軋轢

改めてわたしの陣地に戻ることにする。多様化が甚だしい大学内で、学生にサービスを供与すると同時に学生を管理して生計を立てている身分の話に。つまり、「お客さん」教員であり、「よそ者」職員であるわたしによく見える世界に。

教職員のステイタスの多様化によって労働者の分断が進行している。そこで、雇用者側の悪意なり老獪な戦略が、さらには、危機感を強めた資本による労働市場の帝国主義的再編が云々されている。

なるほど、働く者の分断は雇用者側に都合がいいに違いない。効率経営の観点から現在の事態が生じているというのは当たっているだろう。世の中、とりわけサービス産業における雇用方式の成功が、サービス産業のひとつである大学にもお手本になったはずである。

右肩上がりの成長神話の崩壊が、遅ればせながら大学にも押し寄せてきた。それに加えて、少子化の波。経営を効率化して、消費者の多様なニーズに応える大学となれば、フットワークの軽い経営が求められる。労働条件などで一定の保護を受けている「正規」の教職員相互の分断はもちろん、そうした厄介で手間がかかる労働者は削減するに越したことはない。しかしながら、業務の多様化は必須なのだから、本体の職員の削減を穴埋めするためにも、業務の外部委託が不可欠となる。しかも、業務の外部委託とは、労務管理の外部委託であり、責任の外部委託でもある。それが軽量経営の本質である。したがって、この外部委託は何重にも外部と内部を創出し、あらゆる領域で内と外の区分を生産していく。

そのうえ、この分断の増殖は、ピラミッド形の階層構造に組織化されてもいる。

正職員はそれ以外の者に対してはあくまで上位者たるべく指導、訓令を受けている。パート職員の何倍もの給与を受けているのだから、責任は大きい。事実そのように振る舞い、それにふさわしい心理を自らのものにしている。ご本人は「ただのヒラ」だとか「ぺいぺい」だとか謙遜しようと、その裏には一種の驕りが見え隠れする。ところで他方、管理されるパート職員にしても、大学本体に雇われている場合と、出入り業者のパート社員とは、これまた身内と外様の区分が生じる。出入りの業者さんは「外」の人で、それと比べるとわたしは「内」の人というわけである。

他方、業者からすれば、よほどに調査したり長年の誼がなければ、誰がパートで誰が正職員なのか見分けがつくはずもなく、大学の職員には平身低頭を躾けられている。しかし、そういう「外部」の人であれ、どこでお仕事をとでも尋ねられたら、某大学で、と答えざるを得なく、そのつもりなどなくても「内」に組み込まれてしまう。とりわけ、一時的に出入りする物品納入業者に対しては、この「外部」であったはずの人もすっかり「内部」の人間に変貌する。というわけで、厄介な何重もの位階構造と身内と外部の細分化の増殖は相互に支えあっているのである。

しかし、こうした過程を個々の大学の責任ある地位の方が本気でイメージして、そういう方向へ導いてきたと考えるのは、買い被りではなかろうか。大学執行部のお歴々にはあまり先のことまで見通す必要はないし、そのつもりもないような気がする。大学の冬の時代が迫っているとは言っても、まだ少し間がある。熟年・老年の先生方にすれば、雇われ社長・役員よろしく、それまで出来る限りのうまい汁を吸って、それが過ぎていざ冬が本当にやってきた頃には、定年を迎えて晴れてお役御免のはず、というのが本音ではとの声が多い。一方、定年までまだまだ余裕のある若手教員の場合なら、ステイタスが高く、冬の時代にも持ちこたえられそうな大学への移籍を模索するのが自然な動きであろう。というわけで、教員の中で「この大学」の将来などを本気で考えている御仁はさほど多くはなかろう。その一方で、そうした本音の後ろめたさを自他に隠蔽するために、組合の正義とか教授会自治といった古証文が盾として持ち出される。要するに、発言権のあるところには責任を負う主体がなさそうということになる。

となれば、大学一般などではなく、個々の大学のことを真剣に考えるのは、冬の時代を迎えてなお、生きるためにその場にしがみつくことを余儀なくされるであろう人々ということになる。それは誰かと言えば、「つぶしの利かない」大学職員、それも中年もしくは若手の職員たちということになる。実際、潰れそうな心配のない大手大学を除いて、この種の職員たちの閉塞感、危機感は相当のものであるようだ。

職員たちの口から漏れる台詞の最たるものは、「民間の会社と比べれば大学は温室だ」というものので、自己批判めいて聞こえそうなのだが、これはあくまで上司の無責任、あるいは配下の無能に不満をもらしてのことで、自らには批判の刃が戻ってこないつもりで吐き出されている。しかし、その言葉を発話者の意向など頓着せずに文字通りに信じれば、温室育ちの彼らの経験などよそに行けば何の役にもたちはしないということになる。となれば、彼らにとって、自分の大学のことを考えることなしには、生活の見通しをつけられないことになる。事実、彼らは公言するにせよしないにせよ、危機意識を抱え持っている。そしてその危機意識とは、雇用不安に他ならず、そうした不安はついつい強いものの陰に隠れて身を守るという処世術をはびこらす。経営者の言うがままに、軽量経営を擁護して、容易に切り捨て可能な外部を大量に抱えることでわが身を守るという傾向が強くなるのも、ごく自然な成り行きと言わねばならない。

5　分断と開放

既に執拗に述べたように、大学の内部は何重にも分断されている。教授会は言わずもがな、組合もまた形骸化する傾向が強い。教授会が大学の民主主義を代表するとか、組合が大学で働く労働者の総意を代表するとかいった、かつてはそれなりの妥当性を持っていた論理は根拠を奪われてしまった。にもかかわらず、やはりそこだけが大学内の仲間意識が辛うじて残っているところである。というのも、大学本体に雇用され、しかも正規のステイタスで雇用され、組合への加入資格を備えた人間たち、彼らは今や特権者なのである。彼らだけが「われわれの大学」と何一つ恥じることなく口にする権利を与えられており、彼らの仲間意識とは特権者意識なのである。それが特権であること、又、何によって成立している特権なのか、これを見極めない労働者、あるいは労働運動は容易に資本の利益に身を添わせていくことになる。

こうした事態は、日本経済の驚異的な発展を可能にした経済の二重構造という意味では目新しいことではなさそうなのだが、大学としては新しい事態であるにちがいない。

先にも述べたが、業務の外部委託とは、労務管理の外部委託であり、悪く言えば、首切りの外部委託である。これは官公庁の民営化など、日本経済の大きな流れに平行している。親方日の丸意識に支えられた労働者の意識はここに来て、常に立ちはだかってきた大きな問題に改めて直面する。

雇用を守るためには会社を守らねばならない。会社を守るためには労働者に、しかも下位の労働者に犠牲になってもらわなくてはならない。こういうことが資本のではなく、労働者の命題になってしまうのである。労働者も一人一人が経営意識を持つべきだといった流行のスローガンが浸透し、労働者意識は崩壊しつつあるのに、都合のいい古い形や体面だけが保持される。特権者だけの権利擁護が関の山というわけである。

他方、こうした分断がもたらす今ひとつの側面も見落としてはなるまい。内輪と外部の境界の細分化は、その反面、境界の曖昧さをもたらしている。最も内輪であるはずの者であっても、競争やある者の恣意やほんの偶然によっては、その内輪からいとも容易く排除される可能性を免れない。大学の外と内をどこで区切るか。誰の目にも明らかであった境界が、いまや、極端に言えば、自己認識の問題にまで極小化しつつある。内に身を摺り寄せる限りにおいて内なのだが、その内は常に追放の脅威を抱えた内なのである。

要するに、かつての垣根は空洞化し、結果として大学は開かれてしまっている。そして、分断と開放が同時に、しかも、相互に連関しつつ進行している。

こういう事態に対して、大学で生計を営むことに閉塞感を覚えているわたしたちに何が出来るか。世界の流れを変えるなどと大それた事を言っても仕方がない、とわたしはひとまず問題を棚上げにする。

すると議論はますます精神論の臭みを増すのだが、さしあたり、他に道が見えない。分断は勿論、大勢の流れである。経営の効率化と競争のための労働市場の再編。しかし、それを内面化し、日々実践しているのはわたしたち自身である。一緒に仕事をすればそれなりの共感が沸いてこようものなのに、それが起こりにくい。内と外という区分を突き抜けることができないからである。事実として内と外の枠は崩れかかっているのに、その区分に支配され、眼に帳がかかっている。そして、盲目のままに、自らを守るつもりで、出口のないところに自らを追いやってしまう。現に今、そして眼前で同じ仕事をしている同僚、それに対して共感を抱くことでしか、その病んだ眼は癒されないし、労働の喜びも生まれはしない。もちろん、分断の悪循環を断ち切れないで、日々ストレスを蓄積させていく。いざという段での抵抗などありえないのは今更言うまでのこともない。

以上の延長で、不得意を覚悟の上で、提言めいたことを付け加えておきたい。

特権集団としての教授会の権能と位置とを見直す必要があるだろう。それと同時に、学内組合を開放する手立てを考える必要がある。現実として特権化している組合、したがって、その主張とは裏腹に、実は雇用者に従属せざるを得なくなっている組合、その形態を変える必要がある。何よりも、特権的な位置にあるという自覚と、それに伴う責任を負う覚悟が求められている。そのとき、分断は単なる差異として捉え返され、働く者としての共通の課題に向かって手を携える可能性が開けてくるにちがいない。

既得権益にしがみついて、開放された大学を標榜することがいかに能天気な戯言かを少しは考えてみなくてはなるまい。誰かの意図などとは関係なしに、既に大学は開かれてしまっている。分断と開放は連動しあって目の前にあり、急速に事態は進行している。大学の自治などというとっくの昔に死を宣告されながらもしぶとく生き残っている遺物を、改めて問題にすべきときのようなのである。新しい魂を吹き込んで再生させることができるのか。あるいは決定的に自らの手で葬るのか。いずれにしても、実態と意識との恐ろしい乖離をしっかり見つめなくてはなるまい。

第七章　大学の王様

わたしはあくまで自らの知見なり経験なりが甚だしく限定を受けているという認識を最大のセールスポイントにしつつ、わたしに見える大学を差し出したいと思う。

1　様々な大学論

これまでわたしが書いてきたことはその殆どが純粋非常勤というごく限られた立場からの大学観である。ところが、その後、わたしはひょんなことから、同じく非常勤講師を続ける傍ら、ある私立大学の嘱託職員としても働くようになった。教・職の兼業というわけである。どちらも正規とは言えず、半人前扱い、一種のフリーターという意味では変わらないのだが、大学というところ、教・職の間には大きな溝が穿たれていて、時には反目しあうような局面さえあるのだから、わたしは相当に微妙な立場におかれていることになる。大げさに言えば、両岸に足を伸ばし、引き裂かれそうな位置。でもそれが故に、これまで見えなかったことが見え始めたような気もする。第六章も他ならぬその変化の産物である。今回も、そういうわたしにとっての新しい知見を元にして、改めて大学の現状に踏み込んでみたい。尤も、このわたしにとっての新情報にしてからが、大学の末端で入手したものに限られ、大局的な観点には程遠いことは今更いうまでもない。

この世に大学論は数多いが、わたしのようなものから言えば、それらはすべて上から発せられているという感が強い。例えば、制度としての大学という問題の建て方がある。主に国家や社会のニーズが問題とされ、それに対応するために大学にどのような変革が求められるか。言い換えれば国家・社会が要求する研究者・技術者や中堅労働者の養成が中心的な課題として設定され、近年の大学変革論の主導者としての位置を占めている。キーワードは、グローバリゼーション、先端技術、そして経済競争に打ち勝つ実用的知識である。政財界を筆頭に、それら力強い勢力を後ろ盾にした知識人たちがこのお先棒を担ぐ。それに対して、異議申し立て派からは、社会の良心たる知識人として近年の大学の堕落が云々される。これは主に大学の教員から発せられることが多い。例えば、その昔あれほど批判に晒された産学協同が今や推奨すべき道としてもてはやされている現状に対する批判が展開される。この二つの流れは、おそらく大学という制度が成立してこのかた途絶えることのなかった反目対立であり、要するに大学教育という一枚のコインの裏表であるのだろうが、これほど前者が後者を完全に制し勝ち誇るといった状況は近年では珍しいことではなかろうか。

先にも述べたが、このような領域ではわたしがしゃしゃり出る幕はない。わたしに許されているのは、働く現場としての大学、学んだり遊んだりする大学、つまりは労働の現場、教育の現場の喜びや苦しみや悲しみである。このように、そこで生活する教職員や学生に身をすり寄せての大学論といったものは数多くあるようには思えない。

少しでも現場に視線を向ければ、今や大学、とりわけ私立大学に身を置く多くの人間にとって危機として感じられているのは、雇用の問題であり、個々の大学の生き残りという極めて形而下的な問題であることが見えないはずはなく、そうした生きている人間たちの現実を抜きにしてのご立派な大学論は、わたしには相当にいびつに見える。

たとえば、学生の学力不足と礼儀の欠如、つまりは高等教育を受ける資格の欠如を嘆き、己の不幸を嘆く教員が多いのだが、実はそういう「欠格」学生がいるからこそ、己が職を得て、生計を立てることができているという現実が歴然とある。そこに目をやれば、彼が描く大学なるものの位相は大きく変化せざるをえないだろう。彼らの大学をめぐる悲憤慷慨の大げさな身振りの裏にあるのは、高等な真理や正義を主唱する知識人のつもりであったのに、学生をお客とする商売人の手先になりはててしまった己、それをいかに救済するかという問題なのであり、報酬に恥じないだけの仕事を誠実にこなすというあまりにも普通の社会的義務への怠慢の隠蔽のきらいまである。

というように、様々な人が大学を論じはするものの、その論は大学が備えるさまざまな側面を看過して成立しており、相互に架ける橋が見当たらない。とりわけ、個々の論者があくまで一側面だけを対象にしているに過ぎないのにそうした自己認識を欠いている。いわば自己懐疑の希薄さこそが全般に通じる特徴であるような気がする。そこでわたしはあくまで自らの知見なり経験なりが甚だしく限定を受けているという認識を最大のセールスポイントにしつつ、わたしに見える大学を差し出したいと思う。とりわけ中年になって嘱託の事務職員兼業となった一人の老いさらばえた非常勤講師という二重性から何が見えるか、というわけである。

2　大学の主人公

大学の主人公は誰かと問えば、教員あるいは学生という答が返ってくるだろう。教育の主体は教員であり、そのうえ、大学とは研究の場であり、研究するのは教員なのだから、教員が大学の中心と考えるのは自然なことであろう。しかし、教員には流動性がある。多くの教員は今勤める大学からもっとステイタスの高い大学、彼らの意識に照らして言えば、彼らにふさわしい大学や研究機関のポストを虎視眈々と狙っており、少しでもそのチャンスがあれば、「上昇」する。地方から中央へ、私立から国・公立へ、そして私学であれ国・公立であれ、偏差値の高い大学へというように、偏差値情報に踊らされる受験生、その後遺症を抱えている在学生、さらにはその成れの果てである社会人と変わるところはない。そういうわけだから、主人とは言っても、転籍可能であり、それを望んでいるというのが実際であり、個々の大学を問題にした場合、ほぼ終身にわたって君臨する主人とは言いにくい。

他方、大学は学生で保っている。学生のいない大学は大学とは呼ばない。だから、学生が大学の主人だと、これまた一応は言える。何よりも数から言っても、私立大学の場合はとりわけお金の出所ということもある。つまり、消費者は学生で、お客様は神さまなのである。

しかし、学生もまた大学に滞在する時間は短い。学生の隊列はほぼ永遠に大学の門をくぐるが、個々の学生にとって大学は通過点に過ぎない。尤も、卒業してからも、母校というものを背負う場合が多く、それでもって、後ろめたさを払拭できない人もあれば、鼻高々になる人もいることはいる。しかし、それはいわば、大学の社会的ステイタスに呪縛されているに過ぎず、個々の「傷」は必ずしも大学の現実とは関係を持たない。またさまざまな論者が「現状では学生がかわいそうだ」などと学生をいわば人質にして自らの大学改革論の正当性を論証したり、非を他者に帰して正義を主張したりするが、そこでは、教壇の目の前で居眠りをしたりおしゃべりに夢中になったり、携帯電話でメールを送受信することで長い退屈な講義に耐えたり、アルバイトに追いまくられつつも、そのお金で遊びまわる学生の姿はかき消されている。したがって、大学の主人公が学生であるというのは、個々の学生に目を向け、個々の大学の現場を問題にすると、これまた必ずしも的を射ているとは言いがたい。

個々の大学の現実に目をやれば、今一人の主人公が浮かび上がってくる。大学の職員たちである。

いまや相当に事態は流動的になっているが、終身雇用を前提とすれば、職員はほぼ三〇年から四〇年を一つの大学で過ごす。その大学で生計を立て、その大学で過ごす時間が彼の人生の過半を超える。というわけで、大学は先の二者に職員を加えた三者によって構成されているというありきたりの話になってしまうのだが、わたしがなにより問題にしたいのは、その中でも外からは見えにくく通常の大学論では見過ごされる主人公、つまり職員たちの生態と心情である。

もっとも、わたしは今やなるほど職員でもあるのだが、あくまで新参者かつ片足を突っ込んでいるにすぎず、そういうわたしが彼らの代表を気取りでもしたら、おおいに反発を買うだろう。それどころか、わたしのような中途半端な存在は彼らからすれば鼻つまみ者というのが実際のところなのである。

脱線の気配が濃厚なのだが、鼻つまみについての説明を少々。非常勤講師のなれの果てで、食いあぶれて嘱託の事務職員兼職となったわたしは、彼らにとってなかなかに扱いにくいようである。まずは何よりも、同僚感覚が芽生えにくい。それに嵩高いようである。教員というのは職員から見れば、相当に感情が入り組んだところがある。大学は位階秩序の厳しいところで、職員は教員の無理難題、言いたい放題によって相当に痛い眼にあってきた。その一方で、教員の無責任、だらしなさのせいで甚だしい迷惑を蒙ってきており、その生態を肌で知っており、内心では彼らの世間知らずを馬鹿にしてさえいる。職員の教員に対するそうした鬱屈した感情の発露が、わたしのような教員落ちこぼれに向けられてもごく自然なことである。「さすが三文教師、事務仕事のイロハを知らないから、いろいろと迷惑をかける。しかも、相当年を食っている上に、一応教員の端くれであることに間違いはないのだから、指導するには億劫だし、じれったくても見守るしかない、でもうんざり、早く目の前から消えてほしい」といったところだろう。

こうした心理的錯綜の泥沼で行ったり来たりがわたしなどはお得意なのだが、そこに足をつっこむと二進も三進もいかなくなるのは必定で、このあたりで切り上げることにするが、ともかくそういうわけだから、わたしが彼らの心情を内側から把握できるなどとは口幅ったくて言えるわけがない。だがしかし、その内心を寸度できるほどには近い所にいて、彼らの不満、不安、彼らの誠実、彼らの意地、そうしたものの影響を日々被っているわたしだからこそ見えることも多々あるに違いない。現に、こういう中途半端な立場になってからは、わたしが非常勤講師として通っているあちこちの大学の職員のわたしに対する態度がおおいに変わった。垣根が低くなり、彼らの生の心情が聞こえ易くなった。というわけで、わたしの目も周りの目も変わって、見えにくかったことが見えてきたという実感が強い。こうした頼りない信憑がわたしの誇るに足る唯一の利点である。

というわけで、職員には大学がどのように見えているか、これを相当に想像力を働かせて描いてみよう。そこにはおそらく大学の病弊が、非常勤講師とは少々異なった方向から明らかになるはずである。

3 大学における職員の位置

さて職員といっても相当に多様である。正規の職員もいれば、嘱託あるいはパートの職員もいれば、契約職員もいれば、派遣職員もいる。おのおのが別の給与体系、別の契約関係でありながら、ひとつの職場で入り乱れて働いている。どんな職場でも同じことではあろうが、能力とステイタスや報酬や条件が釣り合っているわけではない。一応は職階によって仕事の領分が定められていると は言っても、実際の現場では能力とやる気に応じて仕事が回ってくるのに、パート職員が過分な責任を負っても、権限は限られており、報酬も仕事に応じているわけもない。いわば「出自」がすべてを決めるのであり、かつてのあの身分制秩序が厳格に生きている。パートは永遠にパートであり、仕事にいかに懸命に取り組んでも昇給は微々たるもので、昇進の可能性は完全に閉じられている。正規の職員がいかに無能、無責任でも、彼らの指示に従わねばならない。これはなかなかにストレスフルであるに違いない。

他方、正規の職員のほうでも、彼ら彼女らの出口のない不満を嗅ぎ付けないわけにはいかない。たとえばパート職員が有能であれば便利には違いないが、それも度を越えると、脅威である。待遇の差にもかかわらず誠実、有能となれば、正規の職員としての自分がむしろ責められているような後ろめたさを免れない。

というわけで、正職員はそれなりに気を使いつつも、己の権限ではどうすることもできないという体のいい口実で身を護る。距離を置いて指示を下しながら、当たり障りなく日々をごまかしていくしかないといった場合が多いようである。

パート、契約、派遣職員の問題は非常勤講師の問題ともつながるのだが、より深刻である。大学の問題が、とりわけ大学特有の位階秩序の矛盾が集約的に押し寄せる。だから、そうしたところにしっかりと足を踏み入れてこそ、大学の影が浮かび上がり、ひいては現代の労働や社会の問題への通路が掴めそうなのだが、いまだそこまで議論を深める手立てがわたしにはない。というわけで、とりあえずは問題の所在を指摘するにとどめて、職員の中でも「花形」というべき正規の職員に限って話を進める。

さて、現在の正職員の中心的な年代は四〇代以上という大学が多い。新設や増設ラッシュの頃に急遽かつ大量に職員を採用したという経緯もあれば、最近では、将来の財政的困難を予測して、正職員の新規採用をできる限り制限し、派遣、契約職員の形で補充するのが潮流になっていることもあって、正規職員だけを対象にすれば相当にいびつな年代構成になっている。こうした高齢の職員の比重の高さは今後の大学財政を逼迫させる懸念が大きいし、若年層の昇進の困難をきたし、閉塞感をもたらしている。そういうわけで、今後、大量に生じるに違いないリストラのターゲットになるであろうと見なされている。

さてその中堅の職員なのだが、彼らのうちでその職を自ら選んだ人はそう多くはなかったに違いない。最近では、就職難という時代背景ばかりか、様々な魅力（給与水準の高さに比して仕事量が少ない、休みが多い、大学の職員の仕事の多様化、等々）もあって、求職倍率一〇〇倍を超えるといった例もあるように、狭い門に前途有望な若者が殺到しているようなのだが、一昔前なら、他にめぼしい職がないから一時の腰掛けに、或いは、仕事が楽そうだから余暇を利用して趣味三昧に耽る可能性を求めて、或いはまた、ひたすら安定を求めて、といった動機が多かったのではあるまいか。あまりいい例とも思えないが、農家の次男坊三男坊が受け継ぐ田畑もないから、給料は安くても手堅い職場として役場に、といった昔話に近い事情が作用したのではなかろうか。

繰り返しになるが、己のありうべき人生を大学との関係で描き、大学職員を天職と思い定めて、身を投じた人というのはそれほど多くはいなかったに違いない。しかし、当初の動機が何であれ、職場というものは人をつくる。とりわけ日本では、社会的訓練というものは主に職場が担当しているのが現状で、それがまたいろんな功罪を生み出してきたわけだが、それはともかく、今や彼ら事務職員こそがおそらく一番真剣に大学の将来を危惧しているようにわたしには思われる。もちろん、彼らにとって最大の問題は、雇用確保、つまりは生活の問題に他ならない。したがって、あくまで個々人の生き残りであり、それを保障する個々の大学の生き残りの問題である。しかし、そうした事柄がそこでのみ終始する問題であるはずもなく、彼らはいやおうなしに、個々の大学の社会的役割、さらには大学という制度の社会における位置などに思いを巡らすことを余儀なくされている。

つまり、大学の危機は彼らの肌身に食い入りつつある。大学の危機と称されるものを労働の問題という基底から考える可能性を持っているのは彼らをおいてないようにさえ思える。

しかしそうした職員の危機の実態に分け入る前に、大学における職員の位置について若干の説明をしておかねばなるまい。

4　職員と教員

前言を即刻翻すようで恐縮なのだが、先に職員が大学の主人公と言いはしたものの、その呼び方はやはり似つかわしくなさそうである。職員というものは、あたかも存在しないかのように主人に奉仕するのが理想とされたかつてのイギリスの執事のように、日の当たる地位ではなかったし、今だってそういう側面がある。例えば未だに、「事務員風情が何を小癪な」、とか、「学問のなんたるかを弁えない事務員ごときが、官僚的に教員を監視、管理している、学問の自由の侵害だ」、といった不平不満を、現にその事務職員を目の前にして口にしたり、あげくは罵倒を浴びせたりされる教授殿が数多くいらっしゃる。そして概ね、職員はそれを聞き流さざるをえない。その程度のことでいちいちまともに反応していては仕事に差し支えるし、既に十分な免疫もあれば、いなし方も心得ているのである。それに、いつかは逆に痛い目に合わせるチャンスもないわけではない。なかなかの策士なのであり、それこそ長年の日陰の身の賜物というわけである。

因みに、そうした教授殿の言動は甚だ時代がかっており、嘲笑を買いそうな代物ではあるが、実は、彼らのそうした言動は大学の機構の中に裏付けを持っている。彼らはそういう意味では決して現実から、とりわけ大学の現実から遊離しているわけではないのである。

大学は教育研究の機関、これだけをもってしても教員の比重が大きいことは一目瞭然である。

この教育研究をサポートするのが事務職員というわけで、先にも述べたように、職員は黒子である。さらには、教員がかかわる必要など必ずしもなさそうな事務局のさまざまな部門まで、こうした上下、もしくは位階関係は一貫している。

たとえば、大学の各部局の長は基本的に教員である。そして大学における自治というものは今更言うまでのこともなく、教授会自治であり、職員はその自治なるものに関与できない。形骸化が云々されてはいても、今なお教授会を経ないでは何一つ進まないというのが建前になっている。尤も、近年、それでは世の趨勢に置いてきぼりを食らうというわけで、理事会主導、すなわち、理事会の意のままに動く事務局主導の改革が押し進められ、それがめざましい成果を上げている私立大学が取りざたされたりもしているが、それはやはり少数派に属する。主は教員、従が職員という枠組みは今なお頑強に生きているのである。

因みに、その長の任期は大抵が二年くらいで、本当のところ、長に就任して高々それくらいの期間に多様な業務の幅と深さとを理解し、かつまた煩雑な事務的手続きの微妙さを斟酌して指示を出すなんてことは不可能に近い。なにしろ教員というのは、自由人を標榜し、一種の個人商店主として訓練され、そのように生きてきている。そのせいなのか、組織を動かす訓練どころか、組織の中での必要最低限のきまりも遵守できないような御仁がたくさんいらっしゃる。だから実際的には、事務局が判断して事を進めるしかない場合が少なくない。そうでありながら、長の認可・決済は欠くべからざるものとされている。従って、もしその「長」が中途半端にやる気でも出して逐一くちばしを挟むようになれば、仕事は相当に滞ることになるのだろうが、そんな「勇気」を持った長がそれほど多くいるとは思えない。せいぜいが、事務局の仕事にくちばしを挟まない代わりにというわけで、いろんな我侭を発揮して、それが長の長たる証、あるいは役得と見なす方もいらして、事務局もそれがよほどに業務の進行に差し支えなければ目を瞑って利益誘導をしてあげるというようにして、相互の馴れ合い関係がつくられる。こうしてようやくことがスムーズに運ぶというようなことも希ではなさそうなのである。というわけで、長と事務局の関係は丁度、大臣と官僚のそれに似たものとしてイメージすればわかりやすいのかもしれない。そして教授会が国会というわけだが、果たして国民にあたるのは学生なのかどうか。

因みに、この長になるような人は「ぽっと出」の教授ではなくてそれなりに古参である。しかも理事会、もしくは大学執行部のお覚えのよい人が指名される率が高く、理事会、執行部、部局長、そして事務局はほぼ一体であり、それと教授会の関係が相当にぎくしゃくするということはよくありそうなことである。

ところで、長になれない、もしくはならない教員は、自分の意見が通らないとなると、理事会の専制や大学執行部の理事会への阿りを批判し、さらにはその先棒をかついでいるとして職員を非難することで腹いせをしながら、あらゆる決定の結果責任を拒否するといった「少数者の正義」の論陣を張ることもできようが、いつだって黒子の職員にはそういうことは許されない。決定に関与できないのに、決定された事を実行することを余儀なくされる。もしそれに背けば、職務怠慢として叱責をくらい、あげくは詰め腹を切らされかねない。先にも述べたがこれは相当にストレスがたまる立場であるといわねばならず、そのストレスを彼らはどのように内的に処理して職務に励んでいるのだろうか。

5　職員の生きがい

よほどに腰の座った人、あるいはやる気をすっかり失った人を除けば、誰だって働くには一定のやりがいが必要である。さして仕事に面白みを感じられなくとも、それなりの自負があってこそ、勤務時間をやり過ごせる。ましてや、位階秩序が厳然と生きている大学内で、教員の無理難題を鷹揚に聞き流しつつ職務を遂行する大学職員が、さまざまな不快の種を内的に処理して仕事に励むには、教員の偏見や挙動に対抗できる何かが必要であろう。

まず思いつくのは、黒子を己の仕事と見定めることであろうが、その黒子、今やその仕事の範囲は、昔のそれよりはるかに幅広く深くなっている。いまや大学は自立した若者、自らを律することを期待された学生で構成されているわけではないから、それこそ手取り足取り、あらゆる機会に指導、忠告をする兄貴、姉御、親父、お袋代わりまで要請される。一時話題になった例を引き合いに出せば、小中学校で保健室にたむろする子供達が増えて、そこが子供達が学校でくつろげる唯一の場所であったようなのだが、今や大学生に対しては、職員がそうした保健室の先生役までこなしたりする。そうした役回りは教員が果たしそうに思われるし、希にはそれをいとわない「開けた」先生もいらっしゃるが、なんといっても彼らには研究に忙しいという大義名分もあれば、ついつい教師根性が鼻について学生が敬して遠ざけるということにもなりやすい。いまどきの学生、評判に反して随分とシャイな子供が多いのである。

それにまた、すこぶる難解な研究を誇ったり、高等な教育論をお持ちであっても、相当な歳の差を越えて、学生に日々接して意思疎通する能力を保っておられる先生はさして多くない。さらには、教育とはなによりも己の研究成果や長年の研鑽の末に見出した真理や正義を伝授することだと、学生の現実など一顧だにせず、難解な術語で武装して教授することこそ教育だと主張なさる先生方には事欠かない。というわけで、教員に任せておけば、彼らの「無責任」な言動の被害を蒙る学生がかわいそうだ、というのが相当に普遍的な職員の心情のようである。とりわけ、教員に対する日頃の不満もあるから、それに対するに、あんたたちよりはわたしのほうがよほどに学生に、ひいては大学に貢献していますよ、と内々で呟いて意趣晴らしをするくらいの意地がなければ、この仕事を続けるのは難しいようなのである。

大学職員もサラリーマン、ご多分にもれず彼らの今ひとつの生きがいの見出し場所は、出世だろう。どこだってそうなのではあろうが、組織というものは縦の関係が重視される。たとえ納得できなくても、上司の指示に背くのは難しい。出世を狙う上司はさらに上の顔色を見ながら、朝令暮改を原則とするばかりか、時には責任逃れのために配下のものを生贄にして恥じない。また、自分の能力に不安を持つ管理職ほど教条的で、コンプレックスの裏返しで意地悪に励むというのはどこの世界でも変わらないようである。それに大学事務局の仕事、成果や実績を評価しにくいということもあって、ズルを決め込む人には仕事は回らず、誠実に仕事に精を出す人に仕事が集中したとしても、待遇、昇進にあまり影響が及びにくい。大学というところはその意味では、日本的といわれる悪しき平等主義、あるいは年功序列の幣が最も典型的に現れていそうで、真面目な人ほど徒労感に苛まれるということもあるようだ。

要するに、嫌なことが多い。それを避けようとすれば出来る限り早く階段を駆け上ること。そうなればイヤな奴の命令を聞かずに済む。それに誰かのお覚えがよくてうまいぐあいに抜擢人事の恩恵を被れば、将来には理事会の末席を占める可能性だって希にはある。そうなれば教員と対等以上の地位に就くことになり、いざとなれば日頃の正義の言動は棚に上げて、利益を求めて豹変する教員に、鷹揚に協力を約束しつつ内心で嘲笑って勝利の凱歌を挙げる機会も得られる。積年の恨みはなかなかの原動力になるようである。

しかも最近では、大学の業務の第三次産業的側面が脚光を浴びており、新しい戦略の創造、業務の多様化など、要するにマネージメント能力の開発を歌っているのだから、その最前線に立てば、影から日向に躍り出ることになる。投資、宣伝、セールス、新規事業開拓など、私立大学が生き残るための戦略の先端を走れば、職業人としての生きがいもあろうというものである。

更に言えば、大学内の旧態依然の位階秩序を転倒する可能性さえも兆し始めた。教員主導の大学というイメージはほころび、あげくは、一部では失墜を始めており、これからの時代は新しい経営感覚を備えた職員の世界というわけである。「教員を使え、契約社員、パート社員、派遣社員を使え、出入りの業者を使え」、というわけで、正職員は今後は各部署で一個の経営者もどきにもなれる。これはおおいに野心を鼓舞するものである。

しかし、こういう夢には大きな障害がある。どこの世界でも派閥があるように、大学も変わりがないようである。学閥、人脈、血縁など、いかにも日本的集団主義の残滓が脈動している。とりわけ歴史の浅い大学の場合は創立者の同族経営的な性格が色濃い。そういうところでは、権力を維持するために、要所は信頼のできる閨閥もしくはそれに準ずる人たちで固め、そのうえで、床下の力持ちというわけで有能な人材をその下に配置するということになる。あくまで主体はインナーサークルというわけである。その堅いバリアーを突き崩すには相当の政治的感覚が必要なのである。

権力基盤を突き崩しそうな懸念があれば、有能な人材はむしろ疎んじられる。やる気や能力も両刃の剣なのである。要するに、時と場合というフレキシビリティを発揮しなければならない。ということは、また逆に能力がなくても、そうしたインナーサークルのお覚えを獲得する能力、つまり「追従」能力さえあれば、中核とは行かなくとも、準中心メンバーになりうるわけで、こうした政治的感覚が大手を振るえば、組織が組織として機能しなくなるのはどこの世界でも変わりがあるはずはなく、相互信頼という組織的な仕事に必須の要素を欠いて、表面的な美辞麗句で問題が先送りされやすいということになりかねない。こうして大学の危機はさらに深化するというわけだが、その話はまた別に。

他方、人間いつでも前向きとはいかず、とりわけこうした捩れた世界に長年生息していると、個々人の良き性格や能力が次第にスポイルされる場合も多々出てくる。長年の習い性の成果というべきか、職場環境の改善にも個人的栄達にも興味や野心を持てないか、或いは、持つ気持ちさえもとっくの昔に捨て去った職員もいる。「就職したときには目が輝いていたのに、五年もすれば腐った鰯の目になる」。これはある中間管理職が後輩たちを評した言葉だという。わたしなどは、その鰯の目の持ち主から、それを口にした当人は除外されているのだろうか、などとついつい茶々を入れたくなってしまうのだが、それでももしかし、真実を言い当てている部分が少なくない。そのように酷評されるような人々は、だからといってメゲルこともないようである。専ら腰を低くしつつ、心の中では教師、さらには使命感に捕われたり、出世の夢に取り付かれたりしてひたすら上を仰いでいるイエスマン職員、彼らの馬鹿さ加減を嘲笑しながら、毎日をのらりくらりと過ごす術を習得してしまっているのだから。

幸いに、心理的なフラストレーションの代価というわけでもないのだろうが、大学の職員というのは、営業成績に血眼にならざるを得ないような業種と比べれば、遙かに楽な側面が多々ある。仕事の量、時間の融通のつきやすさ、そして大学という看板故の自由と管理の柔らかさ（逆に言えば、無責任体制）もあって、面と向かって上司を罵倒したり暴力を振るったり、破廉恥罪を犯すことだけを避ければ、まあ楽ちん楽ちん、そこにたてこもって、後は定年までなんとか大学が持ちこたえてくれれば、と腰を据えている職員もまたいるようである。

6 職員から見える大学の問題

というわけで職員といっても実に多様なのだが、この大学の危機の時代にあって職員の広範囲に共通した思いは、長年勤めた大学がつぶれれば自分の生計が立たないという切迫した危機感であろう。第一義的には経済的な問題が浮かび上がるが、何だってあまり単純化するわけにはいくまい。経済的問題に加えて、これまで積み重ねてきた努力、大学人としてのそれなりの矜持、長年努めてきた大学への愛着、そういうものが一体となった危機感であり、己の人生の大きな部分が否定されるという危機感でもある。

ところが、その危機に対する処方が見つからない。というより、それなりのイメージはあるようなのだが、それが集約され実行されそうな期待がもてない。だからこそ、危機感が募るといった按配なのではあるまいか。

問題は二つある。ひとつは大学観の変化と齟齬、そして大学内部の責任の所在の不明確さと実行能力であろう。

先ずは大学観。いわゆる高等教育機関としての大学というイメージは、有名国公立や有名私学は別にして、とりわけ弱小私学では通用しにくいという点については、今や広範囲の合意が形成されているようである。学生に分かりやすい授業、学生のニーズに応える授業といった授業改革のさまざまな試みやカリキュラムの刷新は、そうした合意の結果である。さらには導入教育、つまりは大学教育を受ける前段階での基礎知識（従来ならば、義務教育の領域と見なされていたレベル）を育成する試みもなされている。もっとも、教員の中にはいまだにかつての大学イメージに固執する方々が多々おり、「小中学校の教師がやることを、どうして大学教授のわたしが」などと嘯いて頑な、それが大学教員のぎりぎりの自尊心と動じない方もおられる。そんなこんなで、改革へ向けての決定に手間取り、たとえ決定がなされたとしても、教員に授業の改変を遂行する決意や能力が欠如して、実際には絵に描いた餅に帰するという懸念もある。

それにまた、これに真剣に取り組めば、大変な労力が必要とされるという問題もある。たとえば、学生の文章能力や発話能力を高める教育には、個々の学生に応じた柔軟で懇切な、いわば個人教育とも言える対応をしなければならず、研究を第一義とし、できうれば業績を蓄積してステイタスの高い大学への移動を望んでいる先生方、もしくは、もう余生をのんびり過ごしたいと決め込んでおられる先生方にとっては、言葉の上ではともかく、実際にそれを担うには荷が勝ちすぎる。というわけで、このレベルでも問題は山積なのだが、方向はほぼ決したといってよかろう。しかも、これは主に教員の責任分野であり、この小文で問題にしている職員としては、さまざまな手管を用いて教員をサポートする、言い換えれば、へりくだりながら「尻を叩く」しかない。

従って、職員を悩ませている大学観の相違とはその種の問題よりはむしろ、教育と営利企業体という二重性をどのようにかみ合わせるか、という点に関わっている。つまりは、私立の教育機関が存在してこのかた常に抱えてきた問題に他ならず、それが少子化が進む時代になって、ますます鋭く突きつけられているのである。生き残りを図りつつ教育の名に値する学生育成をどのように達成しうるか。

ことを単純化して言えば、経営を優先するか、教育を優先するかということになる。そして近年恐ろしい勢いで台頭しているのが、前者なのである。高等教育や研究といった古い衣を脱ぎ捨て、ひたすら商売に徹することでしかこの危機を乗り越えられないとする考え方である。徹底した宣伝で入試戦線、つまり学生獲得に勝利することが第一義というわけである。イメージを売る、という言葉が流行で、学生獲得のためならなりふり構わない。現にこうした入試広報に費やされる経費は巨額に達しており、今や大学は関連のメディア産業の格好のお得意先となっている。その分、入学してきた学生に還元すべき費用が著しく減額されることになるのは必然である。さらには、経費削減、企業体質の強化の策とくれば、リストラも当然視野に飛び込んでくるわけで、「無用」な人員の早期退職などの策も練られることになる。もちろん、こうした論陣を張るご当人たちはそのリストラ対象から除外されている。彼らだけが大学の生き残りにとって有用で、この変化の時代に適応できない「無用者」こそが淘汰の対象というわけである。しかも、ここには大学イメージの刷新というものも内包されている。正義や真理などは今や無用の存在で、宣伝になりそうな付加価値を学生に教授することこそが大学の使命であり、売りである、ということになる。

というわけで、このような青写真を描く人たちにとっては、この危機はむしろ好機と捉え返すことも可能なのである。おそらくは、滞留し膨れ上がった中間管理職のせいで昇進を望めない人々、そして既に中間管理職にありながら、上部との太いパイプを用いて更なる上昇の可能性を持った人々は、この危機こそが己を押し上げる契機になるかもしれないという期待もあって、その変化の主体になろうとする。そして上層部はその権力基盤に支障がない限り、それを鼓舞し利用するのではなかろうか。そういう層を前面に押し出し、変化に抵抗する層を押しつぶすような形でリストラを推し進め、大学の生き残りが図られる、というのが大まかな見取り図で、もしそれが成功した暁の大学というのは、その正否はともあれ、わたしたちが生息してきた大学とは相貌を一転しているにちがいない。

以上のような大学観の対極には、従来の大学観を半ば踏襲する考え方が未だに生きている。もちろん、大学の生き残りのための刷新なり改革が必須という点では、先の議論と考えを一にしている。しかし、あたかも情報産業に踊らされるかのような、上っ面の宣伝の虚偽性に赤面し、学校の学校たる所以を守ろうとする。つまりは、学生が愉しく勉強し遊び、成長する環境つくりが最大の眼目で、彼らの成長や満足度を最優先する。当然、リストラなどという強引な形で同僚の首を切るなどということには反対する。労働条件の悪化は、学生サービスの悪化を意味するからでもある。それに有用、無用といった近視眼的な二者択一こそが、大学教育と対蹠の位置にあるものということを、体験的に知っているからでもある。大学内の業務というものにはすこぶる多様性があって、目に付きにくい仕事が実はその多様な業務全体を支えていることもまた、彼らの思考の前提であるようなのである。入学してきた学生に最大限のサービスを、それが標語といってもよかろう。もちろん、これでは処方箋にならないのだろうが、それでも可能な範囲で業務の見直しや教員との協力による授業改革という地味な作業でその道を進むべきとされるから、前者から見れば、超保守主義ということになるのだろう。しかし、わたしのように末端をうろうろしてきた人間から見れば、実はこうした思考方法を備えている職員こそがこれまで大学を支えてきたし、こうした人々を抜きにしては大学の変化という大波がもたらすであろう後遺症を癒し、人が生息しうる環境が保全されることはないと思える。

前者は即効性の抗生物質で、受験生の関心を惹き、彼らを引き寄せることを優先する。他方、後者は慢性病に効果を表す漢方薬、つまり、在学生そしてその将来の姿である卒業生に満足を与えることで時間をかけて大学の信用を獲得していくことに大学の生き残る道を賭ける違いといえるだろう。

先にも述べたように、もはや生き残りのための方策を実行するのに猶予はないとされる現在、時間のかかる方法がとられそうにはなく、前者がこれからますます勢いを得るに違いないのだが、それだけで大学が保つはずもない。イメージに惹きつけられて入学した学生たちに、そのイメージを実質化して応えてやらねばならず、そのためには、後者のような大学観の裏打ちが必須であろう。両者の絶妙な組み合わせに成功した大学が生き残り戦争に勝利するというのが大まかな予想になるのだろうが、いずれにしてもリストラを含めて方々の大学で嵐が吹き荒れるであろうことは疑いを容れない。

次いで、これまで述べてきた大学観の対立に今ひとつの重大な問題が絡んで、将来図が見通せないという事態になっており、それが職員の多くのフラストレーションを招来している。その問題とは何かといえば、改革の実行責任の所在と、説明責任の問題である。

その昔、大学の民主化を求める運動が華やかなりし頃には、いたる大学で、学長その他の公選という制度が作られたものだが、その後、そうした波は完全に引き潮になり、ある程度の民主的な装いを備えるに至った大学でも、制度は形骸化しているようである。その上、歴史の浅い大学では、そういう制度すらも成立したためしがないところも多々ある。そういう大学では、曲がりなりにも民主的な装いを備えているのは教授会だけで、その教授会の人事ですらも、あちこちから横槍が入るような場合もあるらしい。しかも、危機の時代には即決、即実行が必要というわけで、トップダウン方式なるものが今や流行している。というわけで、将来像が大学総員に開かれた形で論議され、決せられるといった形をもたない場合が多い。

もっともその種のトップダウンでしか乗り切れない問題もあるだろうし、そういうケースがあることを誰だって否定できない。それは事態への対応を早くするし、責任が明確にならざるを得ない。しかし、それにもし「合法性」があるとすれば、そのようなトップに信望があること、そして、結果責任の負い方について明確な言明があること、さらには、それはあくまで緊急事態に限られ永続化されてはならないといった限定が必要で、それなくしては、一般のフラストレーションが解消されることは望めない。

実際のところ、現在の危機の処方については出尽くした観があるのだが、個々の大学で現状の分析が主体的になされてのこととは言いにくい。コンサルタント会社や予備校や情報産業が繰り出す似たり寄ったりの処方が、多くの大学に売られているわけで、選択の幅は小さい。とすれば、残った問題は、焦点をしぼり、個々の特性を活かし、総員一致の下で、方針を実行に移す態勢があるかどうかということになり、こういう場合にこそ、職員の信頼を得て、その覇気を生かすような体制が求められるはずなのだろうが、現在の多くの大学でそういう形で事態が進行しているようには思えないのである。

7　大学の体制

統治や管理となれば、分断が手っ取り早いというのは、古来からの常識である。お互いに反目させ、統一した批判が上に向けられる可能性を摘み取るというわけである。こうして欲望の流れはひたすら上へ上へと向かう。人はひたすら上の意向を先取りして動く。

現に今の大学は、教師と職員、さらには職員内での細かな序列（既に述べたように、正規職員、嘱託、パート、契約等々）のように分断統治の形が定着しており、短期的にはこれが手っ取り早く、安くつく。しかしその反面、これは長期的にみれば問題を内向させ、問題をさらに複雑にするだろうくらいの予測は誰にだって可能だろう。自由で公平な競争は組織を活性化するし、自らが積極的に関与した決定は人のやる気を導き出すが、それとは正反対に、先験的な序列化と決定権からの排除は、疑心、背信、不安、さらには諦念とサボタージュをもたらし、組織を穿つ。

教員と職員との齟齬・対立については既に何度も触れているし、パート職員と正規の職員との関係についても少し触れているので、目新しいところをねらって、たとえば、最近流行の契約職員を例にとって考えてみよう。

雇用形態の多様化はあらゆる職種で一般化しており、これが将来的にもたらす問題を明晰に見通すことは難しいのだが、背に腹は代えられないとばかり、有期雇用が大学でも流行である。その一つである派遣社員については一般と変わらないのだろうが、契約社員については大学の特殊性がある。

就職の氷河期という事情もあって、卒業生の一時的な避難場所として契約の名の下に有期雇用の制度が激増している。建前としては就職難の時勢、卒業後の一時期、大学で働きながら力を蓄え、社会に打って出る訓練、つまりは大学の親心というような粉飾もあるけれど、彼ら彼女らの契約期間は三年ないし五年に限られ、更新はありえないとされている。しかも、いわば新米職員としての見習い的要素もあるからというわけで、給与も高いはずがなく、安く使える戦力という事実は打ち消せない。というわけで、契約が切れて以降、彼ら彼女らがどのような軌跡を描くかは見通しがつかない。尤も、わたしが畑違いのそうした問題にまで触手を伸ばすつもりはなくて、大学内での分断がもたらす苦悩、それを解消する手だての有無という問題に限って少々踏み込んでみたい。

一定の年齢になって就職してきたパート職員や嘱託職員はそれなりの人生経験を備えており、お互いに距離感覚もある。互いに大人で、多少の不平等は世の常などと、甚だしい待遇の差に日々苦しんでいる当事者は別にして、彼らの上部に位置する正職員の方では、達観を決め込むことが比較的に容易なようである。そもそも、そういう重層的な雇用体制はほかならぬ彼らの雇用や待遇を守っている側面もあるわけで、それに非を唱えることは難しい。

ところが新卒の、それもその大学の卒業生が契約社員として配下に所属するとなれば、上司となった正規の職員には自ずから情が湧こうというものである。一人前の職業人に育て上げよう、というわけである。そして相手からそれなりの信頼や尊敬を得るようになれば、責任感を覚えないわけにはいかない。そしてさらに、もしその若者にそれなりの覇気や能力を認めることができれば、その上司としては正規の職員と契約職員というダブルスタンダードの矛盾を感じざるを得なくなる。たとえ、その差別もしくは区別が大学を、ひいては己の雇用を守るのに必須のことだと観念しても、せめてこの若者だけは、という心情にいたっても自然なことである。そこで、例外としてその若者の雇用の継続に奔走し、うまい具合にその実現に成功すれば、本人達は喜ばしいことに違いないのだが、それは他の雇用延長を認められない契約職員から見れば情実と受け取られかねないし、ダブルスタンダードの人事政策の破綻が始まったことになる。

これをどのように解決するか、最終的には、既得権を含めた人事政策全体の見直しを前提にした公平な人事政策の責任ある実行しかないはずなのだが、そういう方向で事態が動くとは到底思えず、問答無用のなし崩し的な解決ならぬ解決が図られそうな予感がする。

というわけで、この社会で契約関係が真に根付くのは難しいという事情ばかりか、雇用の責任をどのように明示的に引き受けるか、それを大学は問われていくことになりそうなのである。これは大学の人事、雇用の問題、さらには責任体制の明確化の問題に帰するわけで、ごまかしのきかない事態になるのはさして遠い先のことではないだろう。

ついで、少々視点を変えて、同じく責任体制の問題に触れてみる。

今や私学の主流となったサービス産業としての大学という立論を主導している人たちが本当に将来に対して何らかの成算を持ち得ているのかといえば、少々心許ないというのが実際のところではなかろうか。なぜならば、生き残りをかけた決戦というのは弱小私学すべてに共通した危機感であり、その宣伝などで外注を受けている情報産業、予備校などのアドバイスもまたたいした差異があるわけもない。後はどれほどの資金量、とりわけ総員一致の覇気といった具体的なものにかかっている。ところがそれを引き出せないような機構になっているというのが一般職員の正直な感想ではないだろうか。

そうした機構の問題の最たるものが、やはり大学内の序列である。どこにでも序列があるだろうが、大学には大学の特殊性がある。例えば、大学の執行部を構成する方々の年齢と出自というもの、そしてその人達にとっての将来と、大学構成員の多数のそれとが大きく食い違うことが多い。いわば一種のジェネレーションギャップと立場の違い、さらには生活感覚の差異が招来する意志疎通の困難が問題解決を難しくしているようにも思われる。

私学の場合、とりわけ歴史の新しい私学では、その執行部を構成する先生方は高齢な方の場合が多い。例えば、一度や二度、既に定年を経験した著名な教員がいわば看板として学長などに選任されたりする。もちろん年齢だけがその人の思考の柔軟性や先見性を決める訳ではないだろう。個人的利害から離れた大局的な見通しが可能なのは、経験を積んだ学識経験者を置いてない、といった考えもある。しかし、やはりそこには年齢やステイタスがもたらす何かが影響することは避けられない。危機感の質が若い人、とりわけまだ一〇年、二〇年或いはそれ以上の年月をその大学に頼って生計を立てねばならない人とは異なっても不思議ではない。つまりはいくら危機を言い募っても、この先一〇年以上にわたって、その大学にいるはずもなければ、生計を立てるために大学の存続に頼る必要のない人の叱咤激励は、相当に胡散臭く聞こえがちである。それにこの種の先生は大抵が国公立の大学の出身者であることが多く、体質化した偏見を払拭できていない場合が多い。

例えば、こうである。この大学の学生の質はよそと比べれば相当に低いので子供を相手にするように丁寧に対応するように、といったなるほどありがたい訓辞でも、それを聞いているのが他ならぬその大学の卒業生である正規職員やその他の臨時職員だとすれば、侮蔑されているような気にもなって、その言葉にいかほどの信頼を寄せることができようか、ということにもなる。一事が万事というように決め付けるわけにはいくまいが、こうした些事は執行部と現場の人間との齟齬・乖離を端的に表している。

というわけで、喧伝される割には当事者の総意で危機の実態が究明され、それに対処するということにはなりにくいのである。それに何より、既得権の問題があり、総員に血を流すように求める事態になれば、その事態を受け入れるかどうかは、やはり、公正がどこまで徹底されているかという問題に帰着せざるを得ない。一部にのみ犠牲を強いて、自らは安泰を決め込む上部がある限り、怨嗟の声がこだまして、戦闘状態に陥ることも予想できないことではない。

いずれにしても今は大きな変化の時代である。こうした時代には変革の大波が人々の人生を浚う。既得権と変化の要請が衝突して、相互不信の種はつきない。しかし、せめて大学だからこそ、こうした変化の中で、一般社会に対するモデルを創出するくらいの気概とそれを可能にする体制に向けての努力をすることが求められている。それにはなにより、トップが血を流して範を示さねばなるまい。そうすればいかにトップダウンと不評を買っても、最終的には「下」はついてくる。

大学人、それほど馬鹿ではありませんよ、という声があちこちにこだまして、新しい大学、新しい雇用関係、新しい労働モデルが芽を出すというのは夢物語なのだろうか。

第八章　非常勤の契約書騒動

契約書を見て先ず目を射るのは、まるで賃貸アパートの契約書のような文言の羅列である。そしてそこには、雇用者の権利だけが記されているという印象が拭いがたい。

大学に入ってきたばかりの学生にとっては教壇に立っている人はすべて教授と意識されるようで、それで何の不都合もあるわけがない。そもそもが、彼らに大学というものがどういう成り立ちをしているものやら、考える術があるわけでも、気にかけているはずもない。免状をもらって就職する過程、或いは、偏差値や競争のプレッシャーからの一時的な避難の場所で、大手を振ってのんびりが許される猶予の時空にすぎないのであろう。

しかし、そういう彼らとて、大学の空気に馴染むにつれ、必ずしも明言されはしない常識を修得していく。つまりは、大学内の位階秩序、権力関係といったもので、大学への就職ないしは大学院進学といった場合を除いて彼らにとってはどうでもいいようなことではあるが、大学で生計を立てている人間にとっては、すこぶる重要な暗黙の了解を。

例えば、語学の授業が最も単位を落としやすくて厄介というのは相当数の学生にとっての実感らしいのだが、その実感が、大学教員が広範囲に共有している「たかが語学」といった偏見と結びついて、専門の勉強の時間を削ぐ無駄ばかりか邪魔な授業という像が確立する。

とりわけ、就職に有利という評判のゼミに入って、その先生を実利的に崇める事態になると、就職などとは関わりようがない教養科目の教師が一層役立たずに見えても自然な成り行きであろう。要するに偏見が伝播するのは甚だ容易いというわけである。

その中でも非常勤の語学教師となれば、より一層軽く見られることになる。専任ポストを持たない浮き草教師というわけで、一昔前には学生の進級や卒業に当たって、単位認定に手心を加えるようにという陰に陽にのプレッシャーがゼミ担当の専任教員から加えられる場合があったりもした。

そう、今回も非常勤講師の話なのだが、そうした三文教師はどのようにして教壇に立つことを許されるのか、その採用の経緯に始まり、近頃特に目立つ非常勤講師にまつわるドタバタ喜劇を一席。

1　非常勤講師雇用の経緯

日本の現在未来に大きな影を投げかけているあのバブル経済期のように、大学でもバブルの時代があった。そしてご多分に漏れず、しかし一般からは少々遅れてそのバブルも終わり今や厳しいリストラの時代にさしかかっている。リストラは転義して解雇と同義と見なされているように、大学でも「改革」という名の人事の締め付けが進行しつつある。その一つが非常勤の「雇い止め」なのだが、いくら非常勤を軽んじているとは言っても、出し抜けにそうした乱暴なことを敢行するわけにはいかない。一応は真理や正義、はたまた教育を謳っている大学なのだから、というわけでもない。今やそういう古証文はとっくの昔に捨て去ったと嘯き、それを誇るのがむしろ改革の旗手たちのモデルになっている。そういうわけだから、事件が新聞種にでもなれば、受験生の数に影響を受けかねない、つまり経営に支障が出かねないといった、「お客様」への配慮の結果なのである。

ともあれ、一応の理屈が必要である。そこでその準備というわけで、採用にあたっての条件や手続きの厳格化が進んでいるのだが、その一環として、ここ数年来、私学では非常勤講師の採用もしくは雇用の延長に当たって、契約書の締結が義務づけされつつある。雇用の際に契約書も交わしてこなかったとは、全くもっていつの時代の何処の話なのかといぶかる向きもあるだろうが、バブルとは無責任体制の別名でもあって、とりわけ大学の人事は長年にわたってそうであり続けたようなのだが、そこにもようやく社会の変化が波及してきたわけである。尤も、これでは外部の人にはわかりにくいに違いない。過去にさかのぼって具体的な説明を施さねばなるまい。

その昔、わたしなどが初めて非常勤講師として採用された頃、つまりは二五年も前には、今とは正反対に学生数が右肩上がりの頂点。大学の新設、学部学科の増設のラッシュがようやく落ち着きを見せ始めた時代であった。従って、わたしたちの大学院の先輩たちは、このバブルの恩恵をおおいに享受した。高校教師などをしながらポストを待ち望んでいた就職あぶれ組を含めオーバードクターが次々に掃けるばかりか、大学院在学中でも就職の口があった。わたしたちはそういう波が一段落した時代だったが、それでもやはり教員の数は十分とはいえず、口があるにはあった。

しかし、いつだって何だって、経済的合理性というものが立ちはだかる。専任教員を採用すると高くつく。一般に一人の専任教員を採用すると生涯賃金や福利厚生などで、現在の水準で三億から四億円以上が必要であるそうだ。それに対して、専任教員の標準的な担当授業（九〇分授業週一クラス、これを一コマと呼び慣らわしている）五コマを非常勤講師で賄えば、三〇年と計算して五〇〇〇万円程度、六分の一で済む。もちろん福利厚生の費用は殆どかからない。これはすこぶる安くつき便利なのだが、しかしいくらなんでも箔のない三文教師ばかりだと格好がつかない。

そこで、三種類の方式が考え出された。どこかの大学を定年になった先生方を文部省や消費者、つまり学生やその親御さん向けの看板として専任に採用する。但し、特別専任だとかなんとかいろんな名前を創設して、給与をけちる。例えば、既に年金受給の年齢に達しておれば、その年金分を差し引いてといった案配なのだが、これもその先生の「格」や交渉の巧妙さ次第。ダブルスタンダードどころかスタンダードが多くありすぎて、実質的にはスタンダードなどなきに等しいような場合もあったようである。

その一方で、実働部隊としては若手の非常勤講師を大量に採用する。それに加えて、既に他の大学の専任職についている先生方にも協力を願った。彼らにとっては都合のよいアルバイトというわけで、専任職で支給される給与は奥方に委ねて、お小遣いは非常勤の稼ぎで賄う。双方にとって願ったり叶ったり。こういう風に利益供与をしながら、専任教員間の大学の垣根を越えたネットワークが形成されていたのである。最近では少し厳しくなっているようではあるが、あの頃には専任職をお持ちでありながら、非常勤を掛け持ちされる方がたくさんおられた。大学の規定では他大学への出講は一大学二コマくらいが限度であったはずだが、週に何度もあちこちの大学で顔を合わすような専任の先生もいらして、何故そんなことが許されているのか、あるいは、まともな給料を貰っていながらどうしてそんなに働く必要があるのか、さらにはまた、いつ研究なさっているのか訝しく思ったり、羨みもしたものだった。

因みに、こういうもたれ合いには今ひとつの意味もあった。定年後には定年年齢の高い再就職先を確保しておかねばならず、非常勤としての長年の「貢献」はその条件として格好というわけでもあった。要するに彼らにとって、非常勤職はお小遣いに加えて、将来のために「唾をつけて」おくという意味もあったようなのである。

2　ご老体と孫たちの争闘

だから、新設大学などはあちこちの大学を何度も定年になったあげくのまさにご老体が鎮座していることが往々にしてあった。例えば、国・公立を六二歳で定年、次いで六五歳或いは六七歳が定年の老舗私立大学、さらには七〇歳定年の新参大学へ。しかも、その種の大学では、その後も貢献に報いるといった口実で定年延長の可能性もあったりで、人によっては実質的に定年などなかったりもする。だからその種の大家は正真正銘のご老体で、教育どころではない御仁もいらした。

例えば、奥方の付き添いなしでは通勤や教室への往来さえも心配といった大教授までいらした。教室の前まで付き添ったあげく、授業中には教室のドアの外で待機しつつ、心配げに教室内の様子を伺う奥方。事情を知らない人ならそういう姿を見かけて、どこかの老婦人が講義の盗み聞きをしているのか、あの御歳でまだ懸命に勉強されているとは凄いなあ、などと感嘆しても不思議ではない有様であった。そして一方、教室の中では、長年の研鑽と蘊蓄が内蔵されているに違いないノートが、弱々しい声で読みあげられるのだが、よほどの専門家ならまだしも、学問のいろはも知らない学生がその種の単調かつ弱々しい朗読によって、知的好奇心を刺激されて熱心に拝聴などと事が運ぶのはよほど希なことであった。

とりわけ新設大学では、ご老体がイメージするような「学生」など甚だ少ないという事情もあった。勉強どころか、規則的な集団生活になじめない学生も多かった。新設の大学、創立に要した経費を出来る限り短期間で償却するためには、定員を遙かに超えた学生を収容して短期に最大の稼ぎを確保しなければならないといった事情もあって、殆どフリーパスで入学できる大学もあったのである。結果として、手取り足取りの躾が必要だし、それまでの学校生活で長年にわたってスポイルされ続けてきた彼らは、心理的に相当の傷も抱えていた。退屈でもおとなしくというわけにもいかず、ついつい私語に加えて、教室を出たり入ったり。そんな無作法、神聖な教室では許されないとばかり、教師の一喝で教室が静まりかえるというのは甚だしく現実離れの想像にすぎない。要するに、一筋縄でいかない学生が多かった。

彼らにご老体の名講義の有り難さが分かる訳もなければ、ご老体に近頃の若者の挙動の「内側」が理解できるはずもない。そこで両者がそっぽを向き合うということになっても自然だし、ご老体と若者の激しい対決が起こることも多々あったようである。

そうした一部始終をわたしが見聞きできるはずもないのだが、その種の噂が広がるにはたいした時間を要しない。ご老体の愚痴、叱責、さらには罵倒。他方では、学生たちから漏れ聞こえてくる悲鳴、あげくは授業妨害の数々。たまたまわたしはその状況が垣間見られるような立場になったことがある。

年度途中で突如として一人のご老体が倒れられた。年齢に加えて、意思疎通のままならない学生相手の徒労感に苛まれる日々のストレスも原因に違いない。急遽、手近で安くつくわたしに白羽の矢が立った。もちろんこちらとしては有り難い。コマ数を確保しないと食えないのだから、突然の増コマは願ってもないこと。それに、そのご老体が退職となれば、その後釜にという甘い幻想もあった。実際、病気療養中の老教授をお見舞いに伺ったおかげでその後釜のポストをしとめた非常勤がいるといった真偽定かならない噂も飛び交っていたのである。

そしていざ、引継となった。つまりは出席簿と使用テキストを人づてに受け取ったのだが、その出席簿を何気なくパラパラとめくってみて、わたしは目を疑った。なんと学生の名前の下に、ご老体のコメントが逐一記されており、その殆どが誹りに近い言葉であった。「白痴」「粗忽者」「愚図」「乱暴者」などと、わたしならばその微妙なニュアンスの使い分けに難渋しそうなフランス語の人物評価が並んでいるではないか。

というわけで、ご老体のストレスと絶望をこの目で知ると同時に、「孫」と「祖父」との滑稽かつ悲惨な確執、あげくは闘争が授業の現場で現前していることを思い知らされたわけである。

三文教師ではあってもやはり教師の片割れ。それに若いとはいえ、わたしもやはり学生さんたちには苦しめられていたのだから、同病相哀れむの俗諺とおりそのご老体におおいに同情を禁じ得なかったのだが、その一方で、胸中に侮蔑、憤懣、絶望、諦念を抱えたご老体を前にして、砂を噛むような時間に耐えたあげくに爆発を強いられていた学生さんたちにも、これまたおおいに同情を覚えたものだった。というのもこちらにもまた同病相哀れむという気持ちを持たざるを得ない境遇にわたしはあったからでもある。

何しろ、ご老体である。気安く近寄ってくるようなものなどいるわけがない。そこで定職を求めて権威ある先生には「へいこら」を習い性にしていた若造のわたしなどを捕まえては、いろいろとお話を開陳される。わたしから言えば、暇つぶしの雑談の相手をいわば強要されるわけで、これがなかなかの苦役であった。

もちろんご老体は教訓豊かなお話と信じておられるし、確かにそういう面もある。例えば、その昔の外国留学時の話、さらにさかのぼってご老体の旧制高校時代のエピソード、さらには著名な人士たちとの交友の話など、初めはなかなか面白い。とりわけわたしはその種の話が嫌いではない。いわば黄金時代のセピア色の写真。懐かしく、羨ましくもある。話のネタを仕込もうと拝聴に努める。ところが、同じ話が一度二度ならず、毎回繰り返される。よほどの好事家や時間と気持ちの余裕のある人ならまだしも、将来の不安と現在の過剰労働、さらには研究業績をでっち上げるために日々焦っている若造にすれば、辟易し、あげくは苦痛とさえ感じられてくる。そのうえ、まるで連想ゲームのように話はあちこちに飛んで、その間に今時の「馬鹿学生」に対する憤懣が挟まれるというように、奇妙奇天烈な談話についていくには相当の労力を要する。そればかりか、ぼそぼそとはるか昔を懐かしみ夢幻の境地をさまようかの恍惚とした表情に、聞こえていなくても、笑みを浮かべて頷きを繰り返さざるをえない。しかし、辛抱にも限度がある。潮時を見計らって、這々の体で退散する。次回からは、遠くから尊顔が目にはいると、直ちに踵を返す。控え室に入るに当たっては、ご老体の気配の有無を確認してから、ようやく足を踏み入れるというようなことにもなった。

というわけで、近寄りがたいほどの輝かしい経歴の大先生ではあっても、学生諸君がその学恩のおかげで学問に目覚めたとか、社会生活への準備ができたというようなお話は聞いたこともない。大学というものはただただ無味乾燥かつ無益な場所であることを学生が骨身に感じる契機くらいにしかならなかったであろう、というのが若造教師の偽らざる実感であった。

3　実働部隊、若き三文教師たち

一方、実働部隊の非常勤に話を転じれば、その資格も今ほどやかましくなかった。例えば、修士課程（今で言う前期博士課程）修了くらいが第一段階の目安であったが、それ以外に付加価値を要求するかどうかは、大学の「格」によって多少の差異があった。例えば、老舗の大学ならば、修士終了後、研究歴もしくは教職歴三年以上（つまりは後期博士課程単位取得に準ずる）、そしてさらには印刷論文二本ないしは三本が義務づけられていたのだが、新設の私学の場合、そんな贅沢なこと言っておれずともかく数あわせというわけで、修士終了くらいであれば、後は適当にごまかして採用とあいなった。

そういう「安物」大学で経験を積みつつ、同時に、この業界での人脈の末端につながる機会を得て、「格上」の大学の非常勤ポストを窺うという按配であった。実力勝負といわれる実業界でも、卒業大学の名、つまり学歴は随所において効力を発する場合もあるらしいのだが、大学の世界で生きざるを得ない人間たちは、ついつい世間に流布する大学の序列なるものを内面化する傾向があって、自分が関わっている大学のステイタスが当人のステイタス、さらには人間の価値でもあるという感じ方、考え方をするのは、専任教員であれ、非常勤であれ、はたまた職員であれ変わらない。悲しい性なのである。

因みに、そうした「由緒正しき」大学の資格認定は少しは厳格なようではあるが、実はそこにおいても、少々奇妙なものもあった。

語学教員の所属については大学によって制度上の違いがあった。教養部に語学教員のすべてが所属している場合と、教養部はなくて、すべての語学教員がいろんな学部に所属している形、いわゆる学部縦割りの大学があった。この場合、非常勤の採用も学部単位になるのだが、既に他の大学で専任教員であるというのが第一の条件。但し、その種の先生方だけでは、全ての授業をまかなうには不足する。そこで、第二の条件が付加されていた。専任先がなくても、博士課程を終えて当該大学の他の学部での教職経験があれば、専任に準じるというような内規があったのである。しかし、この内規は微妙である。その大学のすべての学部が同じ内規なのだから、どこかの学部が切迫した事情を盾にして内規違反を犯し、そのおこぼれを他の学部が頂戴するというわけである。これはきついことを言えば、その学部ひいてはその大学全体が、非常勤の採用にあたっての自らの選定責任を放棄していると言えないこともない。

というわけで、何らかの偶然でその大学の何かの学部に潜り込めば、自動的に他の学部での資格を得ることになって、気がつくとその大学のすべての学部で非常勤講師をしているというような人も多々あった。

そしてその偶然というか抜け穴というのは決して少なくなかった。一つは何と言っても、学閥、人脈であり、ついではタイミング。何かと口やかましい老舗大学といっても、急な空きができたりでもすれば、厳しい条件などどこかへ置き忘れて、ともかく穴埋めに奔走せざるを得ない。というように、いつだってどこだって需給関係が大きく作用するわけだが、よほどの破廉恥な事をしでかさない限り、いったん手に入れたポストが急に消えるというようなことはなかった。非常勤とはいえども、それなりに幸せなバブルの時代だった。

それに加えて、非常勤だけで生計を立てているいわば純粋非常勤はそれほど多くなく、彼らにしても、いつか専任にという夢を持ちえていた。さらには、非常勤稼業、他のアルバイトと比べれば時間単位での給与は悪くなく、若い間は、非常勤と専任の給与の格差もそれほどひどくはないということもあって、将来の不安を夢でごまかす事は可能だったのである。若いということは「幸せ」なものなのである。

4　人事と情実、そして怨恨と復讐

いくら軽んじられる非常勤といっても、人事であることに変わりはなく、人事というものはいつだって情実を免れない。

とりわけ私学は、かつて国・公立大学の卒業生から長年にわたって貶められてきたという経緯などもあって、情実と怨恨が錯綜して、なかなかに「人間的」な話が数多くあったものである。

文部省というのは権威主義的なところで、東大を頂点とした官公の位階秩序を重んじ、それを管轄の大学に押しつける。例えば、私立大学の新設、もしくは新しい学科や学部を開設するにあたっては、往々にして権威を借りて来なければならなかった。そういうこともあいまって、学界の権威を自称する国・公立大学の退官教授は、いつまで経ってもエリート意識を脱せない。老齢にも関わらず迎えてくれた大学なのに、感謝の気持ちどころか、「無理を押してわざわざ来てやった」といったように、恩着せがましい挙動が目立つ。「我が大学（つまりは前任の国立大学のこと）と比べれば、ここは大学とは言えない」とか「ここの馬鹿な学生を教えるのはうんざりだ」といったことを態度に出すばかりか、他ならぬその大学の卒業生である教職員を前にして口に出しまでする。世間知らずの老いたお坊ちゃんというわけである。聞いているOB教職員、ならぬ堪忍するが堪忍とばかり、苦笑いを浮かべて、ごもっとも、ごもっとも。もちろん、心中穏やかでない。その恨みのエネルギーは蓄積し膨れあがり、いつの日か倍くらいに増幅して発揮されるわけだが、その準備というわけでもなかろうが、純血派の大集結が計られる。怨恨の力は怖ろしい。

学内での純血派閥の組織化にはそうした怨恨がボンドの役割を果たす。力を蓄えて、いつか自立を、そしてあわよくば、復讐をというわけである。そういう学閥組織の成長と、純血派の中堅、若手教職員の年齢の上昇が平行する。それに加えて、大学自体のステイタスの上昇もある。その昔は三流大学との評判であっても、次々と新設大学が後続すると、その三流が二流に、さらには準一流にと、よほどの経営上の失敗でもなければステイタスは自動的に上がってくる。こうなると、外様の看板や協力などは次第に有り難みが失われてくる。

そのころには、「お偉い」定年教員も二度目、三度目の定年を迎えるのだが、老教授、はたと考える。老後をいかに過ごそうか、というわけである。もちろん、まだまだ研究意欲をお持ちの方なら、ようやく訪れた自由な時間を利用してライフワークの完成をと新たな生を探求なさるのだろうし、そうした精神的に若々しい先生方には若い研究者が足を運んで教えを請うことになって、制度に縛られない真の意味での教育・研究が改めて始まるということになりそうなのだが、生憎とそうしたお方はさして多くない。

大抵の先生方、既に研究から「上がって」しまっている。しかし、長年を大学という幸せな「象牙の塔」で過ごしてきたから、その環境を抜け出て世間の風に当たるのは甚だ億劫である。それにまた、研究を口実になおざりにしてきた老奥方の心中、たとえば「濡れ落ち葉の相手はごめん被りたい」を還ればせに察したりもする。それに一般社会では「無用な老人」でも、学校に通っておれば、少なくとも先生と呼ばれ、教職員学生共々、心中はよくは分からないけれども、外見上は尊敬を払ってくれる。さらに言えば、家に閉じこもっているよりは学校に通うほうが健康にいいし、若者や教職員との雑談は「ボケ封じ」としても有効であるにちがいない。そこで、居座りを策する。しかもうまい具合に、そうした先生方を救済する道が開けている。定年とはいうものの、大学に是非とも必要な教員、或いは功労者には延長が認められることがある。渡りに船というわけでそれに飛びつく。もちろん、こうした「うまい話」は眉に唾が必要なのだけれど、老先生、事態が起こって初めて現実を知るというような羽目になることが多い。例えば、理事会との折衝が必要となり、その際にそれまでの「わがままお坊ちゃんぶり」のお返しを頂戴することになる。

定年延長を認める交換条件がそれとなく出される。例えば、卒業生教員、つまりは純血派ボスの博士論文の審査を引き受けることを強要されたりまでする。論文の出来がいかにひどいものであれ、学位を与えねば自分の定年延長はままならない。ここで学問的良心を選んで潔く身を引くような人なら、端から頭を下げて定年延長をお願いしているわけがない。当然、憤懣を抑え、自負は脇において権力に頭を下げる。但し、憤懣は残るわけで、その内情をあちこちで垂れ流す。権力のいびつさを云々し、自己の学問馬鹿（つまりは、無垢さ）を吹聴しつつ意趣晴らしをするものの、それは自己正当化以外の何ものでもなく、大勢に影響を与えるわけもない。

こうして大学総力を挙げての力業でなんとか博士様になりおおせた純血派の教授様は、いわば実権派として学内政治を取り仕切る。そうなると、かつての骨髄の恨みが人事に作用する。外様の教員を採用しない。あげくは、学部は内輪でも大学院で外様になったものほど憎たらしい。いわば裏切り者なのであり、出入り禁止である。というように純血主義が無言の掟となる。

もちろん、純血派の後輩、それも純血主義を体現して、いざというときには盾になってくれそうな後輩を優先して教員を募るのが大原則となる。尤も、全体の構成からあまり純血派が目立つと何かと不都合だからと、専任については多少の配慮が働いても、非常勤の採用に際してはなんとしても後輩を優先し、その後輩たちはひたすら実権派、つまりは先輩にごまを擂りつつ、専任になる日を夢見る。おとなしい子羊の群というわけなのだが、その子羊の中には、なるほど夢を実現するものも出てくる。そうなると、非常勤を見下ろして居丈高、仮面を捨ててなのか、突如変身したのか、どう猛なオオカミになる御仁もいる。例え専任になっても、恩や義理を盾にした上下関係がもたらすフラストレーションがついてまわるらしく、それを弱い子羊や、外様の老非常勤に垂れ流し、あげくはヒステリックに吠え立てたりもする。

というわけで、近年に至っては自前で賄える教科、つまりは大学院を備えた教科については純血派が甚だ強烈に自己主張するのが非常勤世界の色となった。

5　「植民地」の大学、テリトリーの守護

非常勤講師選定にまつわる学閥というのは個々の大学の純血派に限られた話ではない。その昔には、国公立、それに加えて老舗の私立大学の大学院の卒業生が、いわば「植民地」の大学で専任、非常勤を問わずポストを占領していた。専任はもちろん、非常勤の場合も跡目の相続ということが普通になされていたし、テリトリーの維持、さらには拡張を図ることが、「宗主国」大学の主任教授の力の徴でもあった。

若輩者が最初に非常勤を始めるにあたって、何よりも頼りになるのは指導教授もしくは大学院の先輩たちである。「宗主国」大学の影響力が及ぶ「植民地」大学への紹介を受ける。しかし、その「植民地」といえども、格がいろいろとある。格の高い大学ではなかなか空きがないから、どう

しても「格下」の大学でイニシエーションという運びになる。そしてそこで人間関係を通じて個人的シェアを広げる機会を得る。他大学から出講している専任持ちの非常勤のお目に止まれば、徐々に仕事が舞い込んでくる。

こうして出身大学の系統を基礎にしつつも、必ずしもそこには属さない自前の伝手が形成され、うまくいけば「格の高い」大学での非常勤ポストの道が開かれる。そしてそれを積み重ねて行けば、格の高い大学だけで満杯の勢いになる。そうなると、格下の大学のポストは手放しそうなのだが、話はそうは簡単ではない。非常勤はあくまで緊急避難、最終ゴールは専任職の獲得に他ならない。その可能性が老舗の大学では狭いのが常識。そこで、後発の大学で少しでも専任の空きの可能性が見えるとなれば、既に数年の経験をそこで持ち、人間関係としても一定の蓄積があるのだから、なけなしの有利な条件を安易には捨てられない。

そこで、将来予測が必要となる。ここで「できの悪い学生」を相手に我慢すれば、専任職が得られるかどうか。判断のしどころである。ここで判断を誤った結果、数少ない可能性を捨ててしまって永遠に純粋非常勤にとどまることを余儀なくされる者もいるわけである。

他方、しつこくしがみついても専任の可能性が見えないとなれば、その格下の大学を捨て去ることになるのだが、自分勝手に「やんぴ」ということにはならない。そういう「馬鹿」かつ「恩知らず」は出身大学から見放されることになりかねない。

先ずは紹介の労をとってくれた大先生に相談し、その指示に従うという世間的知恵が必要なのである。要するに学閥、人間関係の礼儀もしくはしがらみを優先させて筋を通すことになる。こうして、出身大学院の後輩に相続される。後輩と言っても好き嫌いがあるだろうから、好きな後輩に譲りたくなるのが人情というもの。しかし、それがなければ、無条件で主任教授に「返納」する。そして主任教授が後釜を斡旋して無事に系統が保持される。つまりは、人事は雇用者と被雇用者の間にではなく、雇用者であるはずもない大学院講座と採用大学との間にいわば暗黙の内に成立していた。

こうした結びつきは雇用主である大学にとって甚だ便利だし、確実な保証とも見なされていた。だからこそ、事前に個人の面接がなされてということもほとんどなく、契約書どころの騒ぎではなかった。一応は履歴書と業績目録のたぐいを送付して、それが教室の会議、さらには教授会で認証という手続きを経て、後は事務方に回され、事務方から個々への連絡がなされる。学校へは、一回目の授業の際に初めて出向き、早い場合にはその際に委嘱状などを手渡されたり、後で送付されたりということで手続きは完了。というか、それは全くの形式だけのことで、本当のところ、そういう手続きに何らかの意味を見いだしている人は殆どいなかった。

そんなわけだから、採用してはみたものの、いざ授業が始まってみると、とても教育に相応な人格ではないことが判明する場合もある。学生や事務方からの苦情が漏れ聞こえてくる。しかし、大学から直接本人に善処をお願いするというわけにはいかない。いらぬ波風が立つことになりかねない。そこで、迂回路をとる。出身大学の大先生や先輩を通じて引導を渡してもらうのが上策のひとつ。これで一件落着となる。ところが希には、その種の「人格破綻先生」、恩義を盾にした辞職要求に応じない「個人」主義者であったりもする。そうなると、大学はおおいにうろたえながらも手をこまねくしかなくて、学生は相変わらず被害を被り続けるというような困った例もなくはなかったのである。

尤も、このような困った例は非常勤に限られるわけでは毛頭ない。大学というところ、一般社会では到底通用するはずもない言葉や常識や人間が、学問研究を盾にして闊歩することが珍しくなくて、しかも、そうした事態こそが大学の大学たる所以であるとむしろ誇ったりもされるところなのである。

6 慣行から契約へ

ところがそうした暢気な時代は過去のものになった。とりわけ語学の非常勤講師の状況は大きく変転している。その結果、近頃ではなんと非常勤講師組合まであちこちで産声をあげている。それほどに非常勤をめぐる状況が厳しくなっている。その最前線が、これまでバブルの恩恵を最も享受してきた外国語の非常勤講師である。膨れあがったものは破裂する、というのはいつだって変わらない鉄則のようではあるが、何の変哲もないことがその当事者たちを周章狼狽させる。そうしたあまり賢くない人間たちの間で、わたしたちのように賢くない人間は生きている。

外国語の非常勤に限って言えば、そのバブルの破裂には概ね三つの要因がある。

「二つの外国語を必修とするのが大学の大学たる所以である」というような台詞が吹聴されていたのはもう随分昔のこと。今時の大学生、英語もろくすっぽ読めないのに何で第二外国語まで強制する必要があるのか、というのが従来から語学以外の大学の教員の間に燻ってきた批判なのだが、それが主流となって、折良く現今の英語帝国主義の覇権の潮流と合流する。こうして、腰の重い国が動き出した。文部省のお達しという強い味方を盾に、官民共同しての第二語学切捨ての趨勢が作り出されたわけである。今や学生の負担を軽減するために、語学はひとつで十分、極端な場合は、実質的に語学はしなくてもよいといった場合まである。

ついでは、外国語教育の方法論にまつわる。今時、辞書を片手に頭をひねくりながら訳読といった古典的な授業は通用しない。訳読とは辞書で見つけた日本語に逐語的に置き換えることに他ならないと心得ているのか、肝心の訳している当人が、自分が口にしている日本語の意味が皆目分かっていないということが往々にしてある。よほどに脳天気な教師や糞真面目な学生を除けば、教師も学生もそれが徒労であることに気づいて久しい。こうして珍しいことに、従来型の外国語教育は百害あって一利なしという判断において、教師と学生の合意が生まれてきたわけである。なかなか公言するに至らなかったそうした暗黙の合意が今や堂々と大道を闊歩している。

こうして今や運用能力に力点を置く外国語教育という号令が至る所でけたたましい。そして、運用能力とくれば殆ど短絡的に会話能力とされ、それはネイティブスピーカーに教わるのが最短距離とばかり、ネイティブ教員が一挙に増大し、従来の文法訳読の授業を担当してきた日本語ネイティブの外国語教員には脅威となった。中国語のようにどんどんシェアをのばしている言語の場合は、ネイティブ教員の増加をシェアの増加で吸い込む事が出来るが、他の老舗の語学の場合、これはすこぶる厄介なことになる。

これだけでも十分な脅威なのだが、実は今ひとつの問題がある。専任ポストが飽和状態で、たとえポストが空いたとしても年齢のバランスや制限もあるから、熟練した純粋非常勤には専任の世界への扉は狭く、極端に言えば、閉じられている。こうして、かつては夢で現実を糊塗《こと》してきた若手非常勤が淀んだ水のごとく滞留《たいりゅう》し、老いて腐臭を放つようになる。なにを隠そう、かくいうわたしなどがその典型である。

経験を積んでも非常勤給与は増えることはほとんどないから、月々の生計に加えて将来不安を打ち消すためには、最大限のコマ数を獲得しなければならず、その結果、若手がそこに参入する事は難しくなる。そればかりか、全体としてのコマ数が削減の方向なので、コマ数の確保も至難のわざとなる。

老いさらばえた純粋非常勤が窮屈度を増しつつある職場で多数を占めつつある。それにまた、こうしたオーバーワークの中で研究を継続するなどということはよほどの意固地な人を除いてはありえない。夢と己の能力との甚だしい懸隔まで自覚せざるをえない。研究と就職という二重の夢を断念しつつ、一生非常勤で生計を立てていかざるを得ないというのが現実の姿のようなのである。

しかし、それを正当な現実とはなかなか承服できない。不遇感は往々にして、対象定かならない怨恨や自己肥大を育む。

「俺は本当なら、すごい業績を上げて真理に奉仕できたのに。この愚かな世の中がまともな知性と鑑識眼を持たないから、俺は不当に扱われている」というわけである。しかし、そんな独りよがりを相手にしてくれる大人などいるわけもない。そこで、くすぼった怨恨が「馬鹿学生」に向けて発せられるということもありそうな話である。現実を認めようとすれば諦観が必要で、その諦観と怨恨とが交互にやってきては彼らを苦しめる。その一方で、最も忘れられやすいのは、生計を立てるための仕事にどのような名前をつけようが、それは労働に他ならないという側面である。ところがその現実を認めると、「己が卑しくなる」のではという恐れが、現実から目を逸らさせる。己は「学者」のはずだったのにというわけである。

契約書があろうがなかろうが、非常勤は契約関係に基づく紛れもない労働である。にもかかわらず、かつての夢を捨て去ることが出来ず、これはあくまで一時のことと当座を凌いできたのだが、近年の雇用契約書の締結の流れは、そうした自己欺瞞を白日の下にさらけ出した。雇用者である大学の方でも、この問題は将来の大学全体の人事政策として看過できないものになるという認識が広がった結果であるに違いない。

7　契約書

さて、その契約書、これは従来の慣行に代えて、契約関係を導入するということに他ならない。この大学社会も少しは近代的になったものだと喜ばねばならないのだろうが、実際の現場ではそのような形で事態が動いているわけでもない。

契約の文言に細かく立ち入るのは避けたい。契約書にまつわって、わたしがある大学の理事長および学長に送った手紙を別掲（P198〜206）しており、そこで基本的な問題はほぼ網羅しているはずなので参照をお願いして、ここでは手短に大きな問題だけを論じてみる。

契約書を見て先ず目を射るのは、まるで賃貸アパートの契約書のような文言の羅列である。そしてそこには、雇用者の権利だけが記されているという印象が拭いがたい。

たとえば、雇用契約書の期限は一年に限られている。つまり、一年ごとに契約を更新しなければならず、当然、更新拒否の可能性が浮かび上がる。これは自動的に委嘱が継続されてきた従来の慣例と比べれば甚だ大きな変化であり、非常勤に大きな不安を呼び起こす。さらには、予定していた開講科目に一定数の学生が履修登録をしなければ、年度初期の時点でその授業の開講は取りやめとなり、非常勤講師は雇い止めになるということが明記されている。需給関係に基づく契約関係からは自然に見えるかもしれないのだろうが、この条項もまた、非常勤の立場から言えば甚だしい不利益に見える。カリキュラム作成時に翌年度の授業のために時間をあけていたのに、新学期が始まってからの突然の開講取りやめとなれば、講師は予定していた収入を得られないし、その時点ではもはや、新たな働き先を見つける事が不可能だからである。しかも、こうした突然の「雇い止め」の可能性は、突如として不開講になった科目に限られる話ではない。年度途中でも一ヶ月以前に委嘱取りやめの通告をすれば、有無を言わせず契約の停止といった条項まである。要するに、非常勤の契約関係は、雇用者に甚だ有利に組み立てられているのである。

尤も、契約書というものはたいていそのように酷薄なもので、そうした世間の常識をしっかりと培ってこなかったからこそ、今になってあたふたしているに過ぎないという見方も可能かもしれない。「専任の世間知らず」を云々しながらも、実は非常勤もまた、「大学というぬるま湯」に馴染んできており、教育や研究の名の下に労働というごく当然の視点を隠蔽してきたあげくに、一枚の紙で自分の生計を奪われる可能性にようやく気づいたという風にも言えそうである。

ともあれ関係者の対応を個別的に見ることにする

8　契約の当事者たち

先ずは正真正銘の当事者の非常勤の場合である。「来年度から契約書を締結することになりましたので、押印の上送り返すか、新年度の一回目の授業の際にでも事務局に提出願いたい」、といった連絡が不意に舞い込んだとき、非常勤はどのように反応したか。

　熟読し、その文面に驚くというのが普通の反応のように思われるのだろうが、新年度にまつわる書類は甚だ多く、方々掛け持ちでやっと生計を維持する純粋非常勤には、そのすべてに細かく目を届かせる余裕などありはしない。もし本当に必要なものならば繰り返し督促があるはずと、高を括ったりもする。疲れているのである。そして相当に「だらしなく」もなっているのである。とはいえ、この契約書に限ればやはり、それを読み捨てにする純粋非常勤は希であるに違いない。他人の不幸には知らぬ振り、自分の利害にはすこぶる敏感、これこそ弱者の知恵というわけである。

　がともかく読んだとして、その文面を何の感慨もなくやり過ごす人もこれまた希な部類に属するだろう。傷つく、というのが最もありそうな反応である。そして不安、怒り、躊躇い、などが渦巻く。但し、その後の対応にはおおいに幅がある。一番ありそうなのは、周りの様子をうかがうことのようである。電話やメールで親しい人と情報を交換する。その反対に、まるで何事もなかったかのように直ちに押印のうえ送り返す人もいるだろうが、その場合でも、内心忸怩たる思いは後を引き、後になって、拙速であったなどと後悔し、あちこちに連絡し、不満を披瀝しあうということになる。そして一番ありそうにないのは、正面からこの変化に反応して質問するなり抗議の声をあげることである。

　いたずらに騒いで目をつけられては、これから何かと不利益を被る、ひどい場合には解雇という懸念が動きを止めるという側面もあるだろう。そこで、そういう危惧を自分に隠蔽しようと、単なる形式の変化に過ぎないと自らに言い聞かせるということもあるかもしれない。そして同時に、先のことは先のこと、いざとなれば戦って、例え負けたにせよ、日雇いでもなんでもやってやるなどと自らに啖呵を切って、自分を慰めるというようなことも……。

という具合に、なかなかに矛盾に満ちているのである。これをある面から言えば、労働者としての権利意識の希薄さが顕著ということになるし、また別の面から言えば、一個の知識人としての主体性の欠如という風にも言えそうなのだが、ともかく、腰が据わっていないわけだ。

契約書締結の義務付けは、純粋非常勤の労働者としての意識、パートタイム教師としての自覚の契機のはずなのだが、誰だってそういうロジックを生きるわけもない。むしろ、幻想を残存させることで、現実を直視することを避ける。そこで、自己欺瞞と自己憐憫（に由来する怨恨）が結託して諦念と憤激がくすぼることになるのだが、その程度で済むほど世間は甘くない。手遅れになって改めて己の位置を思い知らされて、あたふた、というよう事態が早晩訪ずれるだろう。

次いで、大学当局はどうか。といっても、大学当局にはいくつかの弁別が必要であろう。

先ずは専任教員なのだが、これも数段階に分かれる。非常勤の斡旋は先ずはなによりも専任教員の個人的伝手が一番。次いで、その科目に関係するセクションの会議。ついで、教授会というように、少なくとも三段階がある。他方には、事務局がある。教授会もその上には理事会がありはするが、教授会は理事会と対立する場合もあって、上下関係を明確にしにくいのだが、事務局はおおむね理事会の直轄組織である。さらにもう一つ、雇用の問題となれば、教職員組合がある。その名称からも、ここでは教員職員の弁別は無用なのだが、この組合員は専任に限られるのが普通で、彼らに非常勤を同僚と見なす視点はほとんどない。したがって彼らがこの種の問題に首を突っ込むことはありえない。現今の日本の組合の閉鎖性が浮き彫りになる好例というべきであろうか。

ともかく先ずは、非常勤採用に際して窓口となった教員の対応から見ることにする。自分の口利きで採用された非常勤の待遇の変化に際して、それなりの責任があるはずと言いたいところなのだが、彼らがこの種の変化に対処した例をわたしは寡聞にして知らない。次いで教授会。この契約書の義務付けについて、教授会での報告や議論を経たということも聞かない。あたかも何も変化がなかったかのように、ことは進んでいる。

では彼らは全くこの事態について蚊帳の外に置かれているのだろうか。そうでもあり、そうでもない、と曖昧な答にならざるを得ない。断片的に知っている人もいたに違いないのだが、それに反応を示したという例はなかった。たいしたことではないと判断したのだろう。

それに対して、この契約関係への変化を主導したと思われる理事会、さらにはその配下の事務局はどうなのだろうか。理事会、事務局共に一丸となって、変化なしの「振り」に徹したように思われる。きわめて事務的に、あたかも自然なことのように処理を急いだ。契約書の文言に疑義や質問のある方は担当部署までご連絡を、といった注意書きを添えてのことではあったが、その文面とは裏腹に、苦情を積極的に受け付け説明を施すことで、この契約を実のあるものに作り上げる努力は見られなかった。むしろ、そういう事態が生じないように相当に配慮した気配がある。

というのも、カリキュラムやその他の変更でも生じれば、説明会が催され、質問を受け付けるのが通例であるのに、この件についてはその労をとらなかった。むしろ、契約関係を通知するのに、休暇中や年度の変わり目、その時期をことさらに選んだ「ふし」がある。彼らは非常勤が群れをなしてこの変化を問題化する可能性の芽を摘むために思慮深く取り組んだのではなかろうか。年度変わりの事務一般の手続きに過ぎず、何も変わっていないという体裁を取り繕ったのである。

話を少しでも具体的にするために、ここであえて、極めて私的なエピソードに頼らざるを得ない。ご容赦願いたい。

わたしは常々、教員ばかりか学生達の間でも「変な奴」との評判なのだが、この契約書に関してもその評判に違わなかった。契約書の文面に圧倒されながらも、あえてドン・キホーテの役を買って出た。社会正義云々といった「正しい」動機からではない。むしろ、後ろめたさを免れるために、さらには、この変化の内実を自分自身で確認し、それを受け入れて今後を少しでも納得して生きるためにである。

勇をふるって、大学理事長、学長、学部長宛に、文書で当方の当惑などを記した上で説明を求めたのである。その結果、予想に反して大学側から説明を受ける機会に恵まれた。大学事務局のトップが数名、それに教務担当の教員立ち会いの形で、会談の場が設けられた。一介の非常勤に対してそうした礼を尽くすのはなかなかに立派な態度と言わねばならないが、しかし、それは反面、わたしのような対応が特例に属していることの証左でもある。異議を提出する非常勤がたくさんいて、その個々にこのような形を取るとすれば大変な労力が必要となるはずで、彼ら多忙な事務局トップが個別にそのような丁重な対応をしたとすれば事務局は混乱、停滞をきたしたに違いない。

要するに、わたしへの対応は問題の拡大を避けるための戦略的な選択だったのだろう。

会談は予想以上に友好的に進んだ。専任教職員一〇〇〇名以上、その他に非常勤講師だけでも一〇〇〇名を越えるスタッフを束ねる事務局のトップとの会談である。いかに歳を食っているとは言っても、組織に属した経験のないわたしのような者としては、少なからぬ緊張を余儀なくされたが、その対応には好感を覚えずにはおれなかった。とはいえ、私一個の生活がかかった問題であり、人物の好悪を担保にめでたしめでたしと言うわけにもいかない。

今回の契約書作成に至った理由として彼らが挙げるのは、先ずは労働基準局の指導であり、「他意はなく、従来と何の変化もない」と言うのである。例えば、契約期間についても、「法的には契約は一年としか記せない」と。わたしのように法律に疎い人間は、法律といわれると弱い。それに権威を持たない人間の常なのか、反権威などと叫びながらも、肝腎なところではついつい権威に丸め込まれたくなってしまう。しかし、ここで踏ん張らねば何のために要らぬ面倒を引き受けたのか訳が分からない。「分かりました」と言いたい気持ちを必死に押さえ込んで、食い下がる。

「契約書に記された契約期限を盾に雇い止めの可能性はあるのではなかろうか、それを否定する言葉もあくまで口頭にすぎず、それを将来的に保証するものは何もないのでは」と。しかしそこまで踏み込むと、なるほど経験豊かな事務局のトップである。「そこまで信頼して貰えないならば、致し方ありません」というように、居直りと恫喝を混ぜ合わせた台詞が戻ってきた。しかも、さすがしたたか、飴も用意することを怠らない。「先生のような立派な方の場合、これまでにも長年お世話になってきたわけですから、今後も何も心配はございません。今後とも永くおつきあい願います」との言葉を添えるのを忘れないのであった。その時には既に十分な時間が経過しており、その言葉を潮に会談は曖昧なままに終わった。というわけで、事態の進展を勝ち取ったというわけにはいかない。ドン・キホーテを気取りはしたものの、まともな喜劇にも達しないへぼ役者を演じたにすぎないわけである。

とはいえ、こういう「猪突猛進的」な行動によって、単なる想像を超えて事態の本質を体感することができたような気もする。個々人の好意や、善意やその他もろもろを超えて、組織と個人とが相容れない現場、そういうものとして大学があり、社会がある。その中で個人の生活をかけた主張を活かすことがいかに困難なことか。

というように、個人の自己欺瞞からにせよ、戦術的立場からの隠蔽にせよ、この変化をそれとして捉え、真っ向からその変化を引き受けようとする姿勢が見あたらない。

大学全体がこうした契約関係の基礎、つまりは労働という現実を全く視野の外において成り立っていそうなのである。しかも、大学内の組合が一切関与していないということを考え会わせると、非常勤に限っては、これは雇用ではない、労働ではないという奇妙な了解が深く浸透している。

9　外圧、もしくは内と外の境界

ところで、会談の過程で思わぬ拾い物があった。この契約書騒動の今ひとつの契機は「外部」の介入であったらしいのである。気持ちが動けば少々の難儀があってもあえて動いてみるものであると、何かしら得をしたような気分にもなっているのだから、われながら、脳天気なものである。

さて、その「外部」とは何か。この社会の常識が通用しない外国人のことであり、また、大学の外部の労働組合のことでもある。またしても相当に長い説明が必要になりそうである。しかも外国人とくれば、まさしくわたしの出番である。少々回り道になりそうなのだがご容赦願いたい。

わたしは日本で生まれた韓国籍の人間、世に言う在日朝鮮人、つまりれっきとした外国人である。ところが、そのわたしが大学によっては、ある時には日本人に準じて扱われたり、またある時には外国人と扱われたりと、なかなかに忙しい。

非常勤にも出勤表があって、押印（もしくはサイン）の回数で交通費が支給されるのだが、一般にその出勤表は二種類になっている。内国人と外国人という区別があるわけだ。わたしもまた外国人なのだから、当然外国人扱いかといえば、必ずしもそうではない。わたしは日本人、つまり「普通」に分類されている場合がある。給与も日本人講師対象の規則に基づいて支給されている。後で詳しく述べるが、内国人講師と外国人講師とでは給与は後者の方が高いのが一般的で、その点から見れば、わたしは不利益を蒙っていることになりそうなのだが、しかしそのことで文句をつけたいわけではない。在日朝鮮人としていろんな不利益を被ってきたわたしが、税金以外で珍しく「普通」なみに処遇されているのだからむしろ喜ぶべきこと、こうした扱いが普遍的になればどれほど良いことかと言いたいほどである。

それに、わたしはフランス語を教えてはいるが、フランス語圏で生まれたわけでもそこで生活したことがあるわけでもないから、そのわたしにフランス語を学ぶことが、学生にとって特別な利益になることは全くない。従って、このほうが理に叶っている。しかし、である。もとより生まれてこの方わたしが受けてきた民族的差別というものは、何らかの合理性があってのことであったわけもなく、片手落ちではないか、などと言いたい気持ちがついつい頭をもたげるのだが、こと非常勤講師に限った話としては、そのほうがやはり合理的と言うしかない。

ところがその一方で、わたしが外国人扱いになっている大学もある。つまり、先の理屈から言えば、わたしは不当に「優遇」されているわけである。但し、これはわたしの要求の結果というわけではない。相手方、つまり雇用者である大学の都合によっている。外国籍はいろんな事情を無視して一律外国人扱いとしている大学もある。これを不当なこと、逆差別だと思う人がいても不思議はない。現にわたしは、その昔、ある恩師にそのことで冗談めかしてはいても明らかな嫌みを言われたことがある。「君のせいで、非常勤講師の経費が二人分かかるから、これからは君のようにややこしい人を非常勤として雇うのは気をつけないといけないなあ」などと。

ではそうした「優遇」の事情とは何か。例えば、コンゴ国籍のフランス語講師をネイティブ外国語講師として扱うか否か、これを決定するのは相当に厄介である。もし細かいことを言い出すと、世界の言語地図を参照して個々の条件なども考慮に入れて外国人扱いか否かを決定しなければならない。しかもその際には、その判定に対して異論や苦情が出る可能性というものも予測しなければならない。そこで、ややこしいことに首をつっこむよりは、曖昧に処理して身を守るという日本的処世術が力を発揮する。というわけで、日本人ならざるものには一律外国人扱いというようになっていたりもする。

ところで、先に優遇と書いたが、これはわたしの「外国人」コンプレックスに由来するというわけではなく、これまた先にも触れたが、給与体系において「外国人」が優遇されていた時期があるし、一部では今でもその制度が残存している。

従来、外国人扱いの講師に対しては、非常勤一般とは異なる給与表があって、わたしが知る限りで言えば、約一・五倍程度の額となっていた。これにはいろんな理由があるだろう。外国人講師が希少でそれなりの価値を認められていた需給関係の問題もあれば、外国人が日本で生活するには余分なお金がかかるという配慮もまたその理由であったのかもしれない。

そうした「外国人」非常勤の数が激増している。日本の国際化という事情、言葉はネイティブから習ってこそ本当の力がつくという「信仰」もあって、非常勤の控え室は今や外国人講師であふれかえっている。

そこで、この種の講師の人件費も馬鹿にならない額になってきたから、それを抑制しなければならないという財政的要請もあってのことか、外国人講師に対する給与を日本人並に引き下げる傾向が強まっている。

ところが、こうした事情をすんなり受け入れるのは「日本式」で、外国人の場合はそうは問屋がおろさない。変化についての説明を求め、異議を申し立て、あげくは現状回復を求めたりもする。その他なんだって、少しばかりの変化が生じれば、曖昧なままに人情に訴えて易々と了解を得るというわけにはいかない。もし合理的な説明なしに不利益を被る場合には、何らかの救済措置を求めることになる。しかし、その苦情をまともに受け止めて善処するような回路が用意されていない。そこで、先延ばし先延ばしで曖昧な態度を続けているうちに事態は紛糾する。しかも、圧倒的に弱者であるはずの非常勤講師をサポートしてくれる組織が大学にはない。「外」の人には大学ははなはだ冷たいのである。そこで致し方なく、講師の側は唯一頼りになる「外部」の組合に駆け込む。こうして初めて大学はおおいにうろたえる。「外部」に弱いのである。

「日本人」という内部の曖昧さが通用しない世界が現出していることに大学もようやく気づかされている。いわば国際化にまつわる試練なのである。こうした「労使紛争」の頻発を契機にして、大学は法的な対応と人事政策を練り上げる過程で、今回の契約書騒動に至ったというのが大筋のところのようなのである。

ということはこの種の「外」の影響がなければ、非常勤は従来の慣行のなかで生き続けることができたのではないか、という風に考えられなくもないわけで、「外」の人間はいつだって平穏をかき乱す邪魔者ということになる。しかし、よくよく考えてみれば、この「外」がなければ、大学も非常勤も労働と雇用という側面を隠蔽し続け、もっと事態が危機的になって真実に遭遇する羽目に陥ることになったかもしれない。

何よりも、非常勤を守るものは大学にはないこと、彼ら「外」の人たちと同じく、たとえ日本人であれ、非常勤は「大学」にとって紛れもなく「外」の人であるという真実を、今回わたしたちは知らされた。その先では、専任として「我が世の春」を謳歌している「中心」の人たちですら、状況次第ではいつ「外」の人の扱いをされるかも知れない。それが制度やシステムの恐ろしさであり、くそ真面目な人ほど、訳が分からないままにそうしたシステムに奉仕する、つまりは外部を再生産し、いつか気づいて見れば、自らが外部に弾き出されているという場合もありそうなのである。とまあ、立派な大学及び社会批判と自画自賛を決め込みたいところなのだが、真の問題は実はこうした批判で自らの責任を回避しようとする「わたしの底意」であることに気付いて赤面する機会をもまた、この種の騒動はもたらしてくれた。

わたしたちの世代で非常勤をしている者の多くが、若い時代に「大学の崩壊」の現場に居合わせたはずである。にも関わらず、大学に居座り続けることに決めた理由は人によって様々であろうが、やはり、安穏を求めてのことであったのでは。大学教員は何と言っても、そうしたものとしてイメージされていたに違いない。その結果として、競争に負けながらも大学にすがるように生きてきた、これが非常勤の実の姿なのではなかろうか。ところがその非常勤が最後に唯一頼りにできたのは、実は大学の崩壊を見定めて生きてきた人たちに他ならなかった。

非常勤の首切り騒ぎで「外部の組合」の人たちと知り合うことになったのだが、その幾人かは、かつて大学の解体を叫び、その過程で大学の崩壊を身をもって体験し、その経験を人生の指針にしてきた人たちであった。そうした彼らが、いつまでも大学に幻想を抱きそのぬるま湯に浸って生きてきたわたしたち非常勤をサポートするために骨身を惜しまないという滑稽な事態。この事情を知って赤面しないためにはよほどに鈍感な神経が必要であるにちがいない。問題は制度にあると同時に、そこで生きてきたわたしたちの歴史的身体にあるようなのである。

ともかく、契約書の契機が、「外」から攻められて仕方なく始まり、「外」を切り捨てる側面を持っているということを銘記しておかねばなるまい。たまたま不利益を被らないから、よかったよかった、と胸をなで下ろしているわけにはいかないのである。

この社会全体に一貫する何かが、これを契機に変わらねばならない。その責任を引き受け、明示的に説明しうる主体というものがあらゆる領域で求められている。

契約書にまつわる様々な右往左往、困惑、不信、そうしたことでさえも大学に関係する様々な階層の人々が、それを大きな変化、おそらくは不可避の変化がもたらしたものと捉えて、今後の大学のあり方の論議へとつなげるならば決して無駄なものに終わりはしないはずである。ところが、現になされているように、あくまで姑息な矮小化に努め、時代の流れに身を任せたままに責任を回避するならば、問題はさらに深く大きなものになっていくにちがいない。丁度、バブル以降の日本経済のように。

ある大学の学長、理事長に送った質問状と礼状

××大学学長　殿

フランス語非常勤講師
玄　善允

突然のお手紙で恐縮です。私は貴学の法学部では二〇年以上、社会学部でも既に五年ほどフランス語の非常勤講師として勤務している者です。私どもの学生時代には考えられなかったほどの良好な環境の下で、素直すぎて少し物足りないとはいえ、それなりに真面目で溌剌とした学生諸君と時間を過ごす機会を与えられて、大いに楽しんでいます。時には励まされております。このような機会を与えていただいていることに、この場をお借りして改めてお礼を申し上げたく存じます。

ところで、今般、来年度の出講手続きの一環として、契約書なるものが送付されてきました。署

名押印のうえで返送を求められています。そこで大いに戸惑っております。

現在、この社会の至る所で様々な変革が唱えられ、私のような年輩の者は追いつくのが精一杯という有様ですが、だからといって変化を否定するわけにはまいりません。現代社会の地殻変動が遅まきながら身辺に及んできたということに他ならず、生きようとする限り、そうした変化を理解し、自身のものとすべく努力するべきでしょう。変革を真に変革たらしめ、将来に生かすべく努めたいと念じております。しかしそのためには、変化の実相をしっかり把握したうえで、対応しなければなりません。

そこで、今回の「契約書」についても、感じるところを正直にお伝えし、その上で、この事態の意味を捉えて、今後もささやかながら教育に携わりたく思います。それが教育者、或いは労働者の義務とさえ考えるに至りました。思うところを過不足なくお伝えする時間的余裕も能力もないのが残念ですが、箇条書きにしてせめてもの正確さを期したいと思います。
一、契約書の作成自体は喜ばしいことと考えています。雇用関係を明確にして、権利義務を意識しながら教育に励むことは、間接的ながら、おそらく学生諸君にとっても益するところがあろうかと思います。しかし、従来のいわば「慣行」或いは「信頼」に基づく関係から「契約」関係への変化という事実は明確に把握しておきたいと思います。そして何故こうした変化が生じているのか、その変化が大学や社会に、さらには私自身にとって、将来的にどのような意味を持ちうるのかを考えておく必要があると考えています。

二、そこで、この契約書の作成に至るまで、学内でどのような手続きもしくは議論がなされたのかを私は是非とも知りたいと思います。「私」を雇用し、「私」と共に教育や様々な事務的業務に携わる人々が、いかなる認識を持ち、「私」をどのように位置づけているのかを知ることは、今後の「私」の生活ばかりか教育にとって必須の知識だと思います。

三、次いで、より具体的な問題に移ります。「契約書」なるものを作成するにあたっては、両者の合意があるべきで、一方的な契約書の作成と押しつけは社会通念に悖ると思います。とりわけ、その内容を見ますと、雇用者の利益が優先されており、まるで首切りを合理化するための準備のふしすら感じられます。少なくとも、疑問や異議が発せられるという前提で、合意を形成する期間なり、さらには手続きがあってしかるべきではないでしょうか。

四、以上のような疑義の延長上で私見を申し上げます。こうした最低限の手続きを欠いた、しかも乱暴な内容の契約書に、易々と応じる教員が学生を教育するとしたら、空恐ろしい気がします。自らの権利意識を欠いた教員というのは、その裏面で義務意識を欠いている可能性もあります。

五、この契約書に応じる人たちでさえも、その内容に不信を抱き、その延長上で学校当局に不信を抱きかねないと私は思います。共同して学生の教育にあたるべき教員と学校当局の間に楔が打ち込まれた気がします。私の想像に一定の正しさがあるとしたら、こうした不信は将来的に様々な問題を生起させかねません。

六、こうした契約書に疑問を抱かない専任教員には失望を禁じ得ません。学校には教職員組合もあるはずで、その組合はこうした事態についてどのように考えるのでしょうか。非常勤講師は組合員ではありませんが、非常勤講師と言えども、専任の方々と同じ場所で働いており、その勤務条件の変化は専任教職員の労働条件の変化と無関係ではないはずです。

七、繰り返しになりますが、雇用、被雇用といった労使関係を徹底することに反対しているわけではありません。しかし、ことは教育の場です。しかも、例えば私は既に二〇年以上もの長期にわたって「慣行」の中で働いてきました。そうした経緯を無視して、このような面倒な文章を書かすに至らせるような事態には、危険なものが露呈しているような気がします。なによりも状況認識、そしてデリカシーが欠けていると思います。「デリカシーの欠如」は「知」や「教育」にとって、決定的な問題であると、少なくとも私は考えます。

八、このような専ら経営的配慮を優先した「契約書」なるものの文言と手続きを建学の精神などと照らし合わせて、そこに論理的な整合性が見いだされるでしょうか。私にはそうは思えません。

以上、少々乱暴に聞こえるかも知れませんが、この際、率直を旨としました。出来うれば、教育に携わる機関として恥ずかしくない回答を望みます。

ことを荒立てようなどという気持ちは毛頭ございません。このような文章を書くだけでも精神的な疲労を否定できません。しかし、こうした事態においてこそ、私たちが備えているはずの「知性」なり「良識」というものの有効性が試されているはずです。

先にも記しましたように、私は貴学で教育を担当することを喜ばしく思ってきましたし、許されれば将来的にも長く学生諸君とつき合っていきたいと考えています。彼らの成長、或いは煩悶は、私の人生の糧となっています。しかも、この仕事でもって、私の生計の少なからぬ部分が満たされてもいます。出来うることなら、生計のための場を、また喜びの場にしたいと心底から願っています。これまでは少なくともそうでありえたのですから、今後もそうできないはずもありません。

そのためにも、正直なところをお伝えするのが、むしろ義務であると考えた結果です。よろしくお取りはからいの程を、切にお願い申し上げます。

尚、同文を理事長、社会学部長、法学部長宛にお送りしています。

××大学学長　殿

フランス語非常勤講師
玄　善允

先日は、非常勤講師に関する契約書について突然にお手紙差し上げて、ご心配ならびにお手数をおかけしました。ご配慮の賜か、四月一二日の六時から約一時間に亘って、丁寧な説明を受ける機会に恵まれました。その結果を私なりにご報告し、お礼に代えたいと思います。

当日は法人を代表されて、常務理事兼事務局長、総務部長が、そして、法学部から××助教授、社会学部から××教授が立会人として参加されました。

常務理事のご説明を私は以下のように理解しました。

一、様々な外部的な要因があって、今回のような契約書の作成に至ったもので、これまでの慣例としての雇用関係に変更を企てるような筋合いのものではない。ましてや、非常勤講師の待遇に不利をもたらす制度への改変の意図は断じてない。

二、例えば、契約期間を一年としているのも、それは法的な規制があってのことである。そういう文言を盾にして、雇い止めを企てるものではない。
三、非常勤講師の採用については、これまでと同じように学部教授会の判断を基に学内手続きがなされる。教授会に対しては、非常勤講師に不利な改変をして問題を惹きおこすことのないようにお願いしているし、今後もそれは変わらない。
四、今回の過程で、いたずらな不安をもたらした責任は大学側にあり、お詫びする。しかし、様々な事情を勘案して理解してもらいたい。
五、今後もこれまでと変わりなく、教育・研究にご協力願いたい。

以上のような説明に対して、私は概ね次のようなことを申し上げました。

一、非常勤講師の多くは、本質的に不安定な立場におかれており、その立場をさらに悪い状態に陥らせるような変更は認めにくい。
二、もし状況の変化などによって、なんらかの変更の必要性が生じれば、事前にその理由の説明がなされ了解が求められるべきであるし、それ以前に、大学構成員のすべてが事情を理解した上で、手続きが進められるべきである。情報の公開と公開の議論というのは決して生やさしいものではないだろうが、少なくともそうした努力を継続していただきたい。
三、法的な問題は別としても、学内のあらゆるレベルで発言権をもたない非常勤講師に、不安をもたらしかねない学内規定等の変更については、相当にきめの細かい配慮をお願いしたい。
四、経営上の問題は多々あるだろうが、非常勤講師を含めた全教職員が協力して教育にあたるという方向で、非常勤講師を貴重な人材として活用するべくご努力願いたい。待遇のさらなる改善ということもその一環で考慮願いたい。契約書なるものも、そうした観点から改良を求めたい。

もとより両者の立場が異なる部分もありますので、私が説明を完全に了解したなどとは申せません。上の説明がいかなる善意から出ているとしても、契約書の文言を形式的に理解して恣意的な人事がなされるという懸念も否定し得ないものがあります。長年の非常勤講師の経験は、えてして疑心暗鬼の習性をもたらすもので、他の方々は別として、こと私に限っては、誠に恥ずかしいことながら、その種の嫌疑を否定できません。

しかし、今回の問題をさらに執拗に追究しても、重箱の隅をつつくような議論に陥りかねず、私としましては、了解しないわけにはまいりません。むしろ、丁寧で率直なご説明を契機に、それをひたすら信頼し、新たな協力関係の醸成に努めるべきだと考えております。そうした方向で、新たな気分で教育に携わるつもりでいます。

最後になりましたが、前述のような真摯な対応に対して、お礼を申し上げねばなりません。たとえ問題が生じても、それに早急に対応し誠心誠意で解決のために努めることが、最も大事であるということを改めて思い知らされたような気がします。私としましては、失礼の危惧をあえて振り払い、率直にお手紙を差し上げましたことも、結果としてよかったと考えております。

ご多忙にもかかわりませず、わざわざ時間を割いて下さった、常務理事、総務部長、××教授、××教授にはここで改めてお礼申し上げます。よろしくお伝え下さるようにお願い申し上げます。また、このような機会を設けるように特別な配慮をして下さいました理事長、学長、法学部長、社会学部長にも、謹んでお礼申し上げます。有り難うございました。

尚、同文を理事長、社会学部長、法学部長宛にお送りしています

第九章　「外様」の先生方の功罪

とりわけ、実業界の一線で働いてきた人々を大学に取り込めば学生に好評を博し、学生募集にあたってはおおいに宣伝になる。また、タレントを客員教授や……

1　大学の開放

大学がアナクロニズムにどっぷりと浸かった世界というのは殆ど世間の常識となっている。そこで、新しい風を導入して気風を一新しようということなのか、様々な業種から大学教員への転職組が増加している。流行のスローガンになっている「大学開放」の一環というわけである。それほど大学は閉鎖的であったし、今なおそのようなのである。しかもそれは、俗世界に対する「象牙の塔」の閉鎖性にとどまらない。大学間の閉鎖性ということもある。教員であれ職員であれ、己の大学の卒業生でなければ敷居が高く、ひどい場合はお出入り禁止という例まである。というように、大学「民族主義」或いは「純血神話」というものがあって、時には公然と、時には地下深く潜行して、人事をはじめとする様々な案件におおいに影響力を行使しているのである。

そんなわけだから、個々の大学が、さらには大学全体が、アカデミズムや学閥を越えて社会に開かれていくのは喜ばしい。何であれ、雑種こそが豊穣の源泉である。刺激と競争が世界を活性化しもするし、異種との対話の努力が内省を促し、柔軟で包容力のある世界を創造する。

何よりも、転職組の流入は学界という徒弟奉公的要素を残存させた「内輪集団」にとって刺激になるだろう。しかし、その反面で、変化にはぎくしゃくが付き物で、こちらの側面はあまりに問題にされないようだが、そこにこそ実は開放の試金石がありそうなのである。

そこで、そうした「明」につきものの「暗」の様相を理解するのに少しでも役立ちそうなお話を少々。

因みに、一般に大学論は制度としての大学一般を対象にすることが多いのだが、わたしはいつだって現場主義で、そうなると、個々の条件を無視するわけにはいかない。同じ大学とはいうものの、それは実に多様かつ雑多で、大まかではあってもそうした差異を視野に入れることなく大学一般を論じることなどわたしには到底出来ない。

2　大学のいろいろ

個々の大学の条件の差異について述べるにあたって、まず目に付くのは序列である。国・公立と私立の違いもあるけれど、それよりも社会的序列、これは社会におけるステイタスだけではない。

ステイタスと大学の経済的安定度はおおむね平行しているようだが、それが完全に重なるというわけではあるまい。

ここでは国立を敢えて対象から外して、私立大学に絞って話を続ける。それはわたしが非常勤として関係してきた大学の殆どが私立大学であったということもあるが、それよりも、そこでは労働の問題、企業体の生き残りと雇用の問題、それらを抱えての教育と学問研究の問題が鋭く突きつけられており、大学の危機の最前線であるからである。

さてその私立大学なのだが、私立大学といっても個々の私立大学には経済的な独自性もあれば主義主張もある。例えばミッション系がある。カトリック、プロテスタントの諸宗派、そして仏教系というように。こうした大学の場合、経済基盤が相当にしっかりしていそうで、大学の独立採算ということには必ずしもなっていないのではなかろうか。その意味では、最近の大学の危機などといった標語は当てはまりにくいような気がする。親方日の丸ならず、「親方神様（宗派）」という場合もなきにしもあらずのようである。

それに創設以来の伝統というもののもある。歴史が長ければ、既に相当の投資を行っており、新規投資は既に蓄積された資産と比べれば些少で、財政を圧迫するようなことも少ない。それに同窓会組織なども確立しており、新たな事業の展開にあたっては愛校精神を刺激して財政的協力も見込まれる。日本ではこの卒業生のグループの影響力はなかなかのもので、出身大学のステイタスが上がれば、卒業生の結束も強まり、社会的な発言力も増すというようなこともある。そこで選挙やその他もろもろに、この結束はおおいに利用されている。また、伝統校では卒業生が積極的に子弟をそこに送り込むというようなこともあって、学生集めの潜在的な力にもなりうる。しかも、その際には入学にあたっての優遇措置などもあったりもするから、親子と大学の癒着が甚だスムーズに保たれるという場合もある。こうして、何々大学カラーなどと一種の高級ブランドとして結婚その他におおいに活用される。さらには、卒業生が多ければ、その伝手を頼って就職の門戸も大きく開かれており、これがまた学生募集にあたって大きな力にもなる。というわけで歴史は大きな力を持っている。

尤も、その分だけしがらみも大きいことは覚悟しなければならない。たとえば、教員人事などにも設立基盤の法人や、卒業生団体からの横槍なども相当にありそうで、ただただ良い面をクローズアップするのは片手落ちなのだが、しかし、この大学の冬の時代にあっては、相当に優位な面を保持していることは間違いのないところであろう。

しかし、わたしがこれから問題にしようとするのは、生憎とそのような有利な条件をもたないから、あらゆる手管を用いて生き残りを模索する弱小、もしくは比較的歴史の浅い私立大学に比重がかかる。とは言っても、それが全体としての大学の問題と無関係だとは考えにくい。むしろ潜在的な大学の問題を、危機的な大学こそが最も象徴的に体現しているはずである。

3　大学と外の社会との関係

大学が外の社会と関係を持つのは、学生募集と就職が最も目立ったところで、それすらもこれまでは個々の大学のステイタスでほぼ自動的に事は決していた。どこの高校のどの程度の成績であれば、あそこの大学を出て、あそこの会社に入るというパターンがいくつも形をなしているわけで、何々会社の主流は何々大学系というようなことになる。だから、既に形成された関係の秩序を守り、保持していくくらいのことが、大学と社会との関係のすべてであり、それも大学が積極的に関わるというより、ステイタスが学生に貼り付けられて、そのステイタスが社会と関係を持っていたと言う方が事実に近い。ところが今や、大学は四六時中、外の様々な世界と接触を保つことを余儀なくされている。

例えば、アウトソーシングの時代というわけで、大学の中には大学職員ではない人々が日常的に出入りし働いている。昔は、大学にいるのは大学の構成員だけであったことと比較するとこれは大きな違いである。それに例えば、入試関連の宣伝業務などは、殆ど情報産業の格好のお得意先で、大学は今や宣伝に驚異的なお金を費やしている。宣伝にもいろいろあるのだが、ともかく若者に名前を売って知名度を上げるのが入試戦線の最大の課題であるから、芸能関係やマスコミと提携して、いろんな機会にタレントを活用するということまで含まれる。タレントを入学させて、大騒ぎというのもその一つだし、コンサートやラジオ・テレビ番組の会場に施設を貸与したりというのもその一つだし、オープン・キャンパスと称して受験生を招待していろんなサービスに努める場所に、お笑いタレントなどを招いて人寄せに励むといったことを今や大学は競っている。これは逆に言えば、さまざまな情報産業が大学を市場として抱え込んでしまったということにもなる。高度資本主義の怪獣が遅まきに大学を跋扈している観がある。

そうした開放の潮流の一つの現れが、大学教員への転職組の増加ということのようである。かつてのアカデミックで抽象的な真理や正義は今や学生達の心を動かさない。さらにはまた、今や天下国家を語るという時代ではなくなった。それに学生の就職先である企業などもまた、大学の名前だけで学生を採用するという傾向が薄らぎ、大学でどのような付加価値を身につけてきたかを問うようになりつつあるらしい。というわけで、大学へ進む子供達の最大の関心は、先ずは猶予期間にしっかり遊ぶこと、今ひとつは、就職戦線に勝ち残ることであり、そのためには大学時代にできるだけ実用的な資格を得ることである。ダブルスクールが流行しているのがその最たる現れなのだが、その各種学校自体を大学が斡旋したり、はたまた、大学内で各種学校の授業を行っている場合まである。その延長で、実務に秀でた人、様々な分野での経験を積んだ人、とりわけ、実業界の一線で働いてきた人々を大学に取り込めば学生に好評を博し、学生募集にあたってはおおいに宣伝になる。また、タレントを客員教授や非常勤に任じて授業を担当させると、それがそのタレントの箔にもなれば、大学の宣伝にもなり、学生をおおいに喜ばせもする。他方では、人事の停滞を避けたい実業界や官界でも、余剰の高齢者を喜んで送り出せるわけだから、これまた利益があるわけで、どこを取って見ても、何一つ悪いことはなさそうである。

しかし、こうした変化は実はそれ以上の意味を含んでいそうなのである。ある企業の管理職を大学の教員や大学事務局の管理職に雇う場合、人材を広く求めることに加えて、大学と外部世界との実利的な関係の構築という生臭い意味まで秘められていたりもするようなのである。

例えば、ある会社のＯＢもしくは現役の社員を採用するというのは、その会社との腐れ縁の始まりにもなったりする。それがゼネコンであれば、その会社に校舎の新築工事を請け負わせたり、卒業生をその会社で採ってもらったり、さらにまたその見返りに、その会社の老管理職を続々と受け入れる。

同じような伝で言えば、例えばマスコミ関連であれば、先に述べたことが、巧妙な形で具現したりもする。マスコミ出身者を受け入れれば、その大学の宣伝はそのマスコミ会社が担当して商売になるだけでなく、報道にあたかも公平無私を装いながら、その大学関連の記事を差し込むということがあっても不思議ではなく、人間関係がすべてを決めるというしがらみがこの両者の間には見事に発揮されたりもする。

というように一度関係をつくればその後は一蓮托生というわけで、これでは通常に言う開放、すなわち自由競争の可能性というふうには事が運びそうにない。その昔からの慣行、たとえば、政治家と関係を持ったり、官僚（とりわけ文部省）の天下りを引き受けて、文部省との関係の緊密化を画策したことと比べて何一つかわりはしない。衣装を変えたに過ぎないと言われても返す言葉がなさそうである。

というようにこの開放、なかなか言葉面を信じるわけにはいかないのだが、なにしろこの不景気、就職難の時代に加えて、何をさておいても宣伝に命をかけないと生き残れない大学、この二つの難問を両者がギブアンドテイクでなんとか切りぬける方便という側面もありそうなのである。

尤も、こうしたことをしたり顔で批判するのは容易いことで、その安易さにつけ込んで放言を垂れ流すつもりなどわたしにはない。日本の様々な関係の作り方、商習慣といったものが、ここにきて、大学において形を変えて生かされつつある、そうした現実をしっかり捉えて、大学の開放の実態と今後の可能性に想像を巡らしたいのである。

4　転職組と純粋学究組との軋轢

話が大きくなりすぎたようである。個々の転職組と古参の大学組との関係に限定するべく努めてみる。

いろんなややこしいこともありはするが、人事の開放はやはり新しい「血」の導入であることに変わりはなく、少なくともそれを推進する人たち、そして新しい「血」であるご当人には、そうした開放的人事が必要という状況判断があるに違いない。

その一つは、先にも述べたことだが、大学は遅れているという今や常識と化した判断なのであろう。この急速に変化する社会に対応できない大学に対する厳しい判断、そしてそれに基づく変革の意志。従って、転職組には世の中の厳しさと実際を、世間知らずの大学に注入してやるという使命感がありそうな気がする。自分の経験やスキルでもって、死せる知識に倦んだ学生たちに新風を吹きかけてやるといったところか。そして自分が喝采を持って受け入れられると予想したりもするようなのだが、その種の予測は相当に甘いといわねばならない。

そもそもがその種の使命感、その名に値するものなのかどうか疑問なしとしない。よくよく考えてみれば、外の世界で未だに一線で有用な人物ならば、その世界がその人物を手放すはずもないだろう。また当人にしてみても、必要とされ、生きがいに満ちた世界を捨てて、あえて畑違いの世界に飛び込む必要があるだろうか。転職するにはそれなりの理由があるに違いない。もう疲れたとか、その世界で無用になりつつあるとか、環境を変えて生きなおしたいとか。そういう個人的理由を人間はしばしば隠蔽して、社会的使命といった大義で粉飾したりするわけで、そうした欺瞞がその後に問題を生じさせることが少なくない。

それにまた、外の世界ではベテランではあっても、教育においてはやはり新人である。世間で若者を相手にしてきた自信というものがこの世界でそのまま通用すると考えるのは甘い。世間の若者、たとえば会社の若者は利害関係もあるから、いわば余所行きの姿で同僚、とりわけ上司と接する。それに対して、いまどきの大学の学生にとって教師というのは、尊敬したり、うわべだけでも礼儀正しく対すべき対象といった代物ではない。というわけで、外から見ていた学生と教壇から見る学生とは様相を一変するわけで、周章狼狽ということが起こっても不思議ではないのである。

それにまた、大学といえども組織であり、その組織、相当に年季の入った代物である。とりわけ教授会とくれば、個々の先生方の利害に加えて、長年の埃の溜まったような自尊心なども絡んで、何だって即決というわけには行かず、重箱の隅をつつくような議論が延々と続いたり、ちょっとした文言のミスを盾に、これまた延々とした論難が続いたりする。外の世界でスピードと効率を旨に生きてきた経験は殆ど無意味と化す。そういう際に外の世界の常識を盾に論陣でも張れば、猛然と反発が生じるのは自然な成り行きで、外様への意地悪が執拗に続くということにもなりかねない。なにしろ外様は少数者なのであるから。

古参の側にも言い分はあるだろう。もとより、日本の大学の世界ではこの世に役に立つようなものは浅いとか軽薄だとか見なして、自らの優位性を誇るような傾向を持っていた。世俗から超越した学問の砦というわけである。

そうしたことを吹聴するような先生方は数が減ったにしても、やはり存在する。彼らは急に肩身が狭くなった腹いせを誰かに向けないわけにはいかない。学問のイロハも知らない軽薄な連中に母屋を奪われることに反撃する。と同時に、この孤高の砦を守る最後の勇士というわけで、大学ばかりかこの世の堕落を嘆いて悲憤慷慨ということが、彼らの牙城たる教授会、さらには講義に名を借りた独演会で学生を相手に演じられる。正義ならばすべて許される、というか、それを吹聴することが教師たるものの義務だというわけである。つまりは新参者いじめがいわば使命と化すわけである。

こうしたいじめをひたすら耐え忍ぶほど外様の先生うぶじゃない。本人以外に誰も読まない論文でもってアカデミシャンを自称するコケの生えた頭をあざ笑って一矢報いようとするが、このアカデミックという言葉はやはり、その枠の中で生きてこなかった弱みをつく。しかも多勢に無勢の状況で論難を受けるのはなかなか辛いものがある。そこでこれまた、その憤懣をこれまた外の様々な場所や、自分が全権を持つことが許された授業の場で学生に向けて発散するということになりかねない。

というように新参の転職組と古参の正義の志士との、端から見れば滑稽な鍔迫り合いが演じられるわけである。しかし、この程度のことであっても、旧態依然の講義に怨恨と自負のエネルギーがスパイスとして吹き込まれて、大学が生き返る契機だと思ったほうがよいのだろう。

しかも、最近の若い教員たち、なかなか賢い。こうした滑稽な光景を見ながら、それを反面教師として新たな教員像を作り上げていく可能性を持っている。外様の滑稽さを見て、必要以上に外の世界を理想化したり、コンプレックスを抱くような弊害も少なくなるだろうし、古参の先輩たちのこれまたばかげた因循姑息を今更ながらに確認して、その轍は踏むまいと決意するというようなことも十分にありそうな気がする。さらには、こうした人々に任せておけば、学生が不幸だし、将来のこの国の高等教育は無惨なことになるなどと、俄然責任感を発揮したりすることもありそうである。

というわけで、外様の参入はこうした滑稽な軋轢をも含めて、大学の変化に寄与するところ大であるといえるだろう。

ところで最後に今ひとつ、新規参入者の笑えぬ喜劇を付け足して、お笑いの一席を終えることにする。

新規参入者が急激な環境の変化の中で、精神的変調をきたしてまたもや外の世界に回帰したりする場合もあるようなのだ。

官僚や法曹界からの転職組の中には、厳しい自己管理が要求される暗い世界から、突如として若い女子学生に取り囲まれる明の世界に飛び込んで、ついつい自分が二枚目タレントであるかのように錯覚をきたす者がいる。そのくらいで終われば幸いなのだが、ついつい羽目を踏む外す人も出てくるらしい。自分は全権を持った支配者であるかのように思い込み、ついつい越えてはならない一線を越えてしまう。かつての法の行使者或いは法の番人が、セクハラを指弾されて退散というような不名誉なことにもなる。

こうした事例は大学にまつわる固定観念に矛盾するようにも見える。例えば、大学は人事の恣意性や身分制的秩序が歴然と残っており、しばしばセクハラの温床になっているという議論があるのに、そこに永年住み慣れた住人ではなく、むしろ外からの闖入者こそが不名誉を指弾されるような事例があるとすれば、そこにはいかなる理由があるのだろうか。

自由人を気取っている大学の教員世界では、他人に適切な忠告をするというようなことが起こりにくい。お山の大将の集まりなのである。忠告でもすれば、干渉として指弾されるかもしれないし、そもそもが転職組に対してはコンプレックスと優越感とのせめぎ合いという心理もあるから、黙ってみていて、お手並み拝見という意地悪根性もあるかもしれない。そこで、すっかり有頂天になってしまった転職組の歯止めもきかなければ、ことの露見を妨げる装置も発動しにくい。さらにはまた、露見した後も、仲間内の救いの手も訪れにくい。こうして悲喜劇という結末になるわけで、なるほど、大学は馬鹿でも放っておいてくれる気楽なところなのだが、それだけに、一般の社会常識、そして同僚意識が健全な形で機能しないようにも思えて、これでは一体何が開放なのかよくわかりはしないとため息も出ようというものだ。

がともかく、こうしたボタンの掛け違いのようなことは異種の接触の初期にはどのような領域であれ生じるもので、こうした齟齬の経験を生かして、真に大学の内と外との間に爽やかな風が行き交うようになるには、これまたやはり時間が必要なのであり、世の中の謡い文句というものはいつだって眉に唾して聞くべきもののようなのである。

あとがき

前著『「在日」の言葉』に引き続き、同時代社の川上徹さんのお世話になったのだが、両著の因縁はそれにとどまらない。

実はこの本を構成する少なからぬ部分が前著に先立って書かれたばかりか、それが前著を生み出す契機になったという側面まである。両者の対象は全く異なるように見えるが、「わたしの現場」からものを書くという点では変わるところがない。生きている現場から発想して、どのようにものを見れば今後を生きる意欲がわいてくるか、それを探索している。自己欺瞞なく、美しい物語に吸収されないようにしたかった。そのためにも、個々の現場において発動していたはずの五感を活かそうと努めた。もし読むに値するものが少しでもこの書物にあるとすれば、そのことに尽きる。

少々厳しい断罪のように見える側面があったとしても、それは決して何かを断罪するために書かれたわけではない、そうした資格が何一つわたしにはない。若かりし頃に習い覚えた批判的舌鋒が顔を覗かせているのは、ついついそれに頼ってしまうわたしの弱さの現れに過ぎず、戯文調も、実はそうした残滓を除去するためのいわば解毒剤であって、わたしにとっては有難い薬なのである。但し、その薬でさえも効き目を発せず、残滓が露呈している。それだけわたしの病が深いということに過ぎず、決して褒められた話ではない。

わたしは大学に入学以来、この三五年を何らかの形で大学に関係して生きてきた。それはいわゆる大学人という言い方からすれば相当に変則的なかかわり方であったかもしれない。だが、大学との関わりの仕方は実にさまざまで、どれが正統的であるかなどというのは、全く意味を成さない問いである。大学を愛しているかと問われれば、ハイとは到底答えられないが、嫌いかと問われてもまた同じくイエスとはいえない。

それはまさしくわたしの生活であったし今なおそうであるから、好悪を越えてわたしの現実の一部であり、わたしなりにその現実をそのまま受け入れたい。そういう受け入れ方のひとつして、本書を構成するエッセイは書かれてきた。

これを読んで、激昂なさる方もおられるかもしれない。なにを馬鹿なと一笑に付されるかもしれない。しかし、わたしはこれを書くことで、わたしが生きてきた大学が、大学の備える一部に過ぎなかったこと、しかし、それなりに全体の表れであったことを確認できた気でいる。そういう大学で、これからも泣いたり笑ったりして生きていくことになろう。

大学の権威は失墜したとおっしゃる方は多い。しかし今尚、大学にまつわるあれこれに幻想を抱かれている方は多い。何らかの形で大学に関係された経験を持っておられる方たちも多い。であるのに、わたしが書いた「大学」を知っておられる方は多くないのではなかろうか。というより、大学でも一般社会で起こっていることが全く同じように起こっていること、何一つ特殊なことはないということ、これを理解しておられる方はさして多くないに違いない。そのことを知っていただけるなら、そのことでもって、大学に風が吹く。その風で、そこに生息しているわたしたちに生気が与えられるかも知れない。その糸口になれば、本書は十分以上に役を果たしたことになるであろう。

※初出一覧

第一章　大学はバイ菌の住処か?
『変貌する大学Ⅱ—国際化と「大学立国」—』(社会評論社)所収、一九九五年

第二章　大学内の「ブタ小屋」
『技術と人間』(技術と人間社)一九九六年七月号

第三章　「空白の権力」に追い立てられる「非常勤」
『変貌する大学Ⅲ—学問が情報と呼ばれる日—』(社会評論社)所収、一九九六年

第四章　「チャン語」と「フラ語」
『技術と人間』(技術と人間社)一九九六年一〇月号　原題「語学教師の呟き」上、一九九六年一一月号　「語学教師の呟き」下

第五章　非常勤解雇事件の「傍観者」として
『技術と人間』(技術と人間社)一九九六年一〇月号　原題「非常勤講師から見た大学の危機」

第六章　大学「内」の「内」と「外」
『変貌する大学Ⅳ—「知」の植民地支配—』(社会評論社)所収、一九九七年

第七章　大学の王様
書き下ろし

第八章　非常勤の契約書騒動
書き下ろし

第九章　「外様」の先生方の功罪
書き下ろし

【著者略歴】

玄善允

1950年、在日朝鮮人二世として大阪に生まれる。大阪大学及び大阪市立大学大学院にて仏語・仏文学を学ぶ。「西欧現代文学」の自意識及び「在日朝鮮人の意識形成史」を生涯のテーマとする。

京阪神の諸大学にて仏語・仏文学を講じる。

『フランスの文学と芸術における自然』(行路社、共著、1990年)／『アラゴン自らを語る』(富岡書房、1985年、共訳書)／『ロマン・ロラン全集』(みすず書房、19巻、3巻1983年・共訳書)／『「在日」の言葉』(同時代社、2002年)

大学はバイ菌の住処か?

2003年4月15日　初版第1刷発行

著　者　玄善允
発行者　川上　徹
発行所　(株)同時代社
〒101-0065　東京都千代田区西神田2-7-6川合ビル
電話03(3261)3149　FAX03(3261)3237
印刷・製本　(株)ミツワ

ISBN4-88683-497-3